真人生の創造

中村天風講演録

Creation of a true life

Nakamura Tempu

中村天風

PHP

まえがき

中村天風先生が説かれた「心身統一法」は、一言でやさしく言えば「積極精神をつくる」方法です。この「積極精神」というのは、よく言われる「前向き」とか「プラス思考」というようなものとは少し趣《おもむき》を異にしています。

天風先生が言われる「積極」とは、人生にどんなことが起ころうとまた同じことの繰り返しの毎日であろうと、心を動揺させたり焦燥感をもつことなく、常に誠と愛と調和を以て、穏やかな冷静な心の状態でいるということなのです。つまり、何かに張り合おうとか負けまいというような対抗する心ではなく、先入観や偏見をもたず、怒りや怖れや悲しみなどにとらわれない、澄み切った静かな心の状態で物事に対応することです。

この真の積極精神を身につけることができれば、どんな人でも、世の中を動かす重責を担ったリーダーであろうが、競争原理に巻き込まれがちな企業経営者であろうが、世間や家庭内の人間関係に心をくだく主婦であろうが、そして将来のことが定まらず不安を抱える若者であろうが、人生の問題を解決し、幸福で価値高い人生を送ることができるのです。

天風先生は「人生は心一つの置きどころ」とも言われました。病にも不運にも何ものにも奪われない真の幸福を得ようと思うならば、物事に対する価値を自分の心で決めよということです。そしてこの積極精神をどのように作るかという具体的方法を、教えてくださったのです。

天風先生の教えは、本来、大宇宙を作り出した根源のエネルギーとそこから同じように創り出された人間との関係を考察し、人間が人間本来の充実した人生を送るための真理を悟ることが根幹の哲学ではありますが、一方、現実の世の中に具体的に生きる身でもある人間としての生き方も、お教えくださっているのです。

この『真人生の創造』は、自分の生き方を検証し、積極精神へ導く手引き書ともいえるもので、天風先生が愛情とユーモアに溢れた、親しみさえ感じる口調で説いてくださっています。

本書は「CD中村天風講話録・真人生の創造」を活字化したものですが、音質等の問題からCDに収録できなかった部分も活字として再現させてありますので、また読み応えも増していることと思います。さらに具体的な詳細につきましては、天風先生の「心身統一法」講義録である、既刊書籍『幸福なる人生』を読んでいただくことをお勧めいたします。

いずれにせよ、本書がより一層天風哲学を学ぶきっかけとなれば、誠に幸いと存じます。

平成二十七年三月

公益財団法人天風会 理事長　宮田興子

真人生の創造＊目次

第二章　生きがいについて

第三章　「心」とは

第四章　生きる心構え

装丁――赤谷直宣

第一章

理想的人生のあり方

「力」

■強さと長さと広さと深さ

理想的な人生というようなことを謳《うた》い出せば、非常に漠然として抽象的で掴みどころがありゃしません。人々によって人生に対する考え方はみんな違っておられるから、端的に言えば、現在病を患ってる人は、何をおいてもまず第一番に丈夫になりたいことがその理想でしょう。

健康な人は、何とかもっと金が欲しいとか、何とかもっと地位が欲しいとか、金や地位は第二としても、丈夫にはなったにはなったけど、もっと長生きがしたいとか、いろいろな考え方が人々によって違いますから、ただ漠然と理想的な人生なんて言ったところで、これは文字の上から考えた考え方じゃ、正しいヒントを得られません。

しかし、どういう人生というものが人として生まれたお互いに、まず第一番に考えられなければならないかということは、これは世界共通の人生理念で決定してありますから、それをまず第一番に申し上げましょう。

人間の命というものは大事なもんです。何がさて、一遍縁があってこの世の中に人として生まれても、どんなに学問しようが、どんなに努力しようが、またどんなに金ができようが、一生は断然一生で二生ないんであります。一遍死んじまえば、二度味わえないこの人生、これは尊いもんです。

ところが、この尊い人生を現在生きていながら、しかも相当の理知教養を受けてるはずの文化人が、本当に徹底的に命の尊さを考えてるか否かと思うと、あにはからんや、さにあらざる場合が多かないでしょうか。ただいたずらに食うことや寝ることや着ることや儲けること、人生のただ一部分的な事柄だけを本能や感情の欲するがままにこれを欲して、それでそれを得られて満足して、得られないで悩みを感じてるというような、極めて浅い考え方でもって人生に生きてる人が、むしろ数においてすこぶる多いんであります。

つつましやかに人生を本当に尊く考えて、生きる日日《にちにち》を人間として恥ずかしくない生き方をしていかなきゃいけないという心掛けでもって、この再び取り返すことのできない一日を過ごしてる人などというものは、滅多に見られない。跪《ひざまず》いて手を合わせたいような尊さを感じるような人は、それこそ暁《あかつき》の星より少ないのであります。

たいていは人の形をしていて、見てくれだけが人間でいて、生きているすべてのことをじいっと見てみると、人間以下の動物さえ恥じらうようなことを平気でやってる人がかなり多かないですか。ですから、人の命の尊さをまんざら考えないじゃありますまいけれども、考えてもその命、いかなる状態に生かすことが人間としての高い通念かということは考えないんであります。

言われりゃ、すぐおわかりになります。一旦生まれて死んでしまえば、二度味わえない命。おまけにこの命の意識的感覚をしているこんにちが、どんどんどんどん過去に行ってしまって、どんなに努力したって、再び現在あり得るがごとき現実は再び味わえないのであります。よしんば明日私がここへ立ったところで、今日ただ今味わってる味わいというものは味わうことはできません。

さぁ、そうすると、瞬間、瞬間が誠になおざりにならざる考え方で生きなきゃならないんだが、いかがでしょう、あなた方。この一年間の毎日毎日のことはっきり覚えていらっしゃいますか？　ぽおーっとして、なんとまあ、月日の経つことの早いことよ。一月何日だろう、二月何日だろう、三月何日だろう。よっぽどどえらい喜びか悲しみだけは覚えてる。平凡に暮らした日が多いために、その平凡に暮らした日は覚えていませんよ。

だから一年は三百六十五日とはいえ、そういう記憶の中のトータルを総合してみると、中にひどいのなんて一週間ぐらいじゃないかな？　指折り数えてみて、それも喜びにエクスタシーを感じた日が多けりゃいいけれど、どういたしまして、今の人々、本当に喜ぶときなんていうものは滅多にありゃしない。喜んでも瞬間の喜びですもの。その代わり煩悶だ、悶えだ、苦労だというやつは、もう念に念を入れてやってますからね。

そしてほんとから言うとね、そういう状態の人生に生きてる人には、「光陰矢の如し」とか

「月日に関守《せきもり》なし」なんていうことは当てはまらないんですよ。心朗らかに何も心にわだかまりなく、楽しい、うれしい、朗らかだというときを味わってるときというものは、時というものの、空間というものを超越してしまう。

ご経験がありましょ？　好きな人と物語ってりゃ、時の経つことを忘れる。「おや、もうこんなに経ったの？」。往来歩いてたってねえ、一里や二里平気で、相当遠道《とおみち》したってくたびれやしねえ。私も昔、覚えがある。今覚えがあると言うと怒られますから。反対に嫌いな奴と歩くと、道の半町も歩かないうちにくたびれちまう。

もう一年経ったのかいというのは、本当に快く人生に生きてる人の言うことで、悶えがあったり迷いがあったり苦しみがあったら、とてもそりゃ、一日が長いですよ。百人一首だって歌ってあるでしょ。「嘆きつつひとり寝る夜の明くる間はいかに久しきものとかは知る」。女の方なんか痛切にこれは、そうだわぁと思し召すでしょう。

夜寝られないときなんかに、これは天風会員には覚えがないことでしょうけど、いかに夜明けの待ち遠しさよ。痛みあり苦しみあった日はより一層、その一瞬一瞬が長く感じられるんですから、月日が早く経つのを感じるのは、おおらかに人生を生きてる人だけですが、そのおおらかに人生を生きてる人というのは、世界人類の通念になってる、これが理想だという人生に生きてる人なんであります。それは何だと言うと、四つのことが必要なんです。

第一に「日日《にちにち》の人生がどんな場合があっても強いこと」、第二は「できるだけ長生きをしていること」、それから第三は「できるだけ広さを十分に広く生きること」、それから同時に「深さを深く生きること」。

ところが、人類の通念となってる理想への標準とも言うべきか、憧れとも言うべきか、またまさにそうあらねばならないことの四つの条件が、はたして人々に味わわれているか否かを、これはお互いに考えなきゃならない。よく考えてください。いわんや、かるが故に、強さを失った人生じゃ、生きて生き甲斐ないでしょ。

お集まりの中にも病をお持ちになってるお顔が見えますが、私も八年間辛い病に侵された経験を持ってる持ち主ですが、病んでるとき、そこに少しも華やかな人生はないんであります。健康を考えないときが一番人間は幸福なんだ。

西洋の言葉に"Health is not valued until sickness comes."（健康の価値は病気になるまでわからない）という言葉があります。この言葉を静かに考えてみると、「丈夫なときは丈夫なことを考えない」ですよ。どこも痛くもないときに痛いという奴はないもん。どこもどうもないのに、どっかどうあると思うものないでしょ？　だから本当に丈夫な奴は健康ってことを考えませんよ、どうもないんだから。お金たんまり持ってるときは、貧乏なこと考えないですな。

人生再び繰り返すことのできない世の中、どうしたってこの四つが完全であってこそ、ほんていても、肉体ばかり考えていても、しかもそうするのには、多くの人々のように、肉体ばかり考えていてもいけなければ、心ばかり考えていてもいけないんであります。

生命というものは、物質方面から言ったらば、この肉体は細胞の集積であります。同時に心の方面からいけば、心の働きをこの神経系統の全体がエネルギーの表現をするのであります。それで二つが一つになって、我々の生命が生かされている。この二つが一つになって生かされているという、この動かすべからざる現実を忘れて生きたら、この四つのことは目的達せられないんですよ。

もしも我々が肉体だけを本位として、それ注射だ、それ薬だ、それ栄養だっていって、豊富な肉体生活をしていることによって丈夫になれるとしたら、人生このぐらい気楽なものはありゃしませんわ。第一、医者ならびに医者の家族がみんな丈夫なはずだよ。

ところがどういうものか、お医者さんそれ自身があんまり強くないのが多いですな。医者の強くないのは「紺屋《こうや》の白袴《しろばかま》」（他人のためにばかり働いて、自分のことに手がまわらないこと）ですよ。

しかしこれは、医者が悪いんじゃない。医学に欠点があるんでも何でもない。生命というものが肉体だけの処理では、これ完全に解決つかない存在であるからなんです。マテリアルの方面だけをいくら考えても、一方そのマテリアルの生きているのは、エネルギーがあって生命活動という現象が出てるんだから、心と肉体の両方をぴたーっと一緒にしなきゃいけない。それはちょうど夫婦があくまでもぴたーっと一つ心でなきゃ、その家の繁盛しないのと同じ。そこでぴたーっと合わせるのに必要な方法を私はお話ししてる。

■人間とは感情を統御できる生物

今日初めてお越しになった方に、これからいよいよ話を進めていきたいと思いますが、まず第一番に必要なのは、人生に生きゆく刹那《せつな》に、「体よりも大事に心というものを積極的に生かさなきゃいけない」ということ。これはほんとですよ。説かんがために説いてるんでもなければ、理論の組織の上に必要であるがためにそう言ってるんでなくして、これが本当に真剣に考えられないと、何としても本当に、もう何遍も本当と言いたいくらいにこの人類通念となってるところの最高の人間理想というものを貫徹することはできない。

ところが、あれだけ懇切丁寧に話を聴いてる人の中にも、時によると心の中に消極的の波を起こす。これが悪いってことは、知らない当時と違ってからに、教わった以上知ってるはずなんだ。知ってるはずだけど、そういう人は理屈つけてますよ。「理屈はそこにあるかもしれないけれども、あのとおりきちんとなかなか行くもんじゃない」なんて。

それで一時、自分だけはそれでもって納得するかもしれないが、真理というものはあなた方の理屈に同情はしないんですよ。自然界に存在する人間への掟はまことに厳しい。しかもこれは千古《せんこ》変わらず。久遠《くおん》のその昔から永遠の将来まで実存してる。

「お前はそういう場合だから特別にいいよ。まあとにかく、今度機嫌の良いときに、教わったようにおしよ」、というようなことにはなりません。どんな身分の人だってダメなんですぜ、真理に背いちゃったら。

そこでだ、一番我々が注意にも注意をしなきゃならないことは、怒っていけないことと、悲しんでいけないことと、怖れていけないことなんだ。これはのべつ幕なし、ひっくり返し、ひっくり返しあなた方が日日やっている日課だもん。変なことがデイリーレースになってますよ。

「人間だから怒るの当たり前だ」って言う人があるんだけども、どういうわけで人間なら怒るのが当たり前？　いいえ、世のおおむね多くの人々は「怒ったり泣いたり怖れたりするのは、人間だからできるんだ」と、こういうふうに思ってる。「それは犬や猫や豚や馬でもやるかもしれないけれども、人間ほどデリケートなものは持たないじゃないか」と、こう言うんですよ。

それで、そういう人に限って間違ったことを言っていて、間違ったことを言ってないと思ってるの。人間は感情の動物なり、とね。「感情の動物だからこそ、怒ったり泣いたり怖れるのは当たり前じゃねえか」とこう言う。屁理屈の出発点間違えて、結論、やっぱり間違いで、正当なとこへ到着しようはずがないんですよ。人間が感情の動物なりって、人間を動物の仲間にしちゃってる。万物の霊長として、生きとし生ける生命を与えられたものの中の一番尊い存在であるはずの人間を、馬や猫と同じにしてる人がある。

「それはあれですか。四本足の動物ですか」

「いや、二本足です」

「鳥ですか」

「いや、違います」

「それじゃ人間だ」ってね。

動くものは動物だというんならば、それじゃあ、自動車も動物だな、こりゃ。だから「動」の字が書いてあるって、いや、理屈ですが。そう考えてるもんなら、人間それ自身の評価が、値踏みが、我知らずグーンと低くなってる。

現象界に存在するものというものの中で、一番何ものよりも尊いのが人間だよ。もっとも、正しい科学文化思想に目覚めてない人は、「その上に神様がいるよ」とおっしゃるでしょうが、いますか？

私は神仏《かみほとけ》というものの存在を、第二義的に人生を考えるものには必要かもしれないが、自分自身を真理に沿って正しく生かすものに対しては、既成宗教は何ら顧みる必要のない存在だという、大きな確信の下に人生を生きてるもんであります。ですからいまさら「来るんじゃなかった。あの人、神様も仏様も考えないのか」と思し召したら、もう今日っきり御縁のないものと思し召して、再び私の目の前にはお出にならないほうがいい。

それは私も先祖は敬いますよ。けれど私は科学文化の先端に、常に自分の人生に対する理解を求めてるものであります。したがって私の眼中には、見えもしない抽象的な、何だか訳のわからない考え方で考える神なんていうものや仏というものはありません。あるものは、ただ宇宙の実際を支配するエネルギーの根本である「ブリル（vril）」だけであります。これが自然界を支配し、ありとあらゆる一切の宇宙に存在するものというものを支配してるのであります。時代は常に日進月歩、正しい人生理念の許諾を与えるものをもって、人生はこれを生きる場合における「宗教はアヘンなり」という言葉に対して、私は別にこれに対して議論持ちません。杖・柱として頼んでいかなきゃいけない。自分の理念が正しく許諾を与えないようなものを、なんか人があると言うからあるんじゃなかろうか、いるんだと言うからいるんじゃないかというような気持ちでもって、しかも曖昧な自己欺瞞な、独自の断定でもって考えてるような神《かみ》仏《ほとけ》、それが何になるんです？

いいえ、そういうもの考えてるから、あなた方が人生を生きる場合に少しもそこに決定した生き方ができないんで、少しも人生に対する自覚を自分自身の心に植え付けようとしないで、苦しいときの神頼み、病でも治りが遅いとか運命が悪いといっては、「ねえ、神様、仏様」って言えば治してもらえると思う。

普段それほど親しくもしてないとか、考えてるというだけの、あっさりした薄情な気持ち持ってる人間に、いざさらばのときに「お助け」ったって、助けるかいな。それとも助けられた人があるかいな。あるとしたら、その人は自己催眠にかかってる人だ。神とか仏とかと名をつけるほど、安っぽいものじゃないんだ、この宇宙に存在する偉大な根本エネルギーは。

ただ科学が今ほど進歩しなかった時代の人間が考えると、不思議に見えたんでしょうなあ、この宇宙の一切の運行の事実が。いえ、ちょいと花一つ咲くの見たって、不思議だと思や不思議だもの。昼が来て夜が来て、夜が来て昼が来て、これも不思議だよ。晴れ渡る明澄《めいちょう》の一夜、表に出る。空見りゃもう、すぐ不思議な感じにぐうっと包まれますわな。煌々として大千世界をほくそ笑みかけて照る月、この月がまた毎日毎日大きくなったり細くなったりするんですからね。それで十五日の間御無沙汰になって、十五日経つとまたやってくる。

どこが果てだか果てがわからない、見渡す限り無極無辺際の大空にらんかんとして煌《きら》めく星。子どものときから不思議だと思った、わたしゃ。そうして春が来りゃ花が咲いて、秋が来りゃ紅葉《もみじ》して、冬が来りゃ木が葉っぱを落としちまう。昼があって夜があって、朝があって午後があって、水があってお湯があって、火があって煙《けむ》があって、不思議だなあと子どものときも考えた。森羅万象の様々な変化変転。「染めいだす人はなけれど春来れば、柳は緑、花は紅《くれない》」、よく坊主が使うこれはお説教の言葉で、真似したわけじゃありません。このわずかな文句の中にも宇宙の変化変転は歌われてるが、これを考えようによるとね、すぐ神仏《かみほとけ》に持ってっちまうんだよ。

こはこれ、自然の現象だ。この自然の現象に対して、原動力的要素というものを科学的な知識の進まなかった時代はわからなかったんだよ。ぼやぼやしちゃいけませんよ。人工衛星が飛んでるとき、難儀《なんぎ》が来るとすぐに神棚の前で手合せたり、仏様の前行ってからに、お線香あげたりして、自分自身を自分自身が正しく統御しなければ、いわゆるセルフコントロールというのが正しくなければ、なんでそういう人間に正しい結果が来ましょう。昔の人の歌にもある。「心だに誠の道にかないなば、祈らずとても神やまもらむ」。誠の道というのは宇宙真理に即した、寸分間違いない、本当の正確さの意味だ。

ところが不思議ですよね。神仏、神仏と言う人に限って、生きてる生き方見るてえと、てんから神仏なんかに相手にされないような、犬や猫よりまだ劣ったような生き方してるんだから。

神仏《かみほとけ》を私が存在認めてないことを不満の方、お帰りください。私は別にそういう方に聴いてもらう気持ち一つもないんでありますから。それは私だって自分が皇族講演の講師でありますから、どうしても行かなきゃならん場合には、伊勢神宮に参拝はします。けど私はあの伊勢神宮に頭下げるとき、これ天皇陛下の御先祖をとにかく思い出すためにここに祀ってあるのかと、それだけで行って頭下げてる。知ってる人に会って「こんにちは」と言うのと同じような気持ちだ。先祖は敬うけれども、なんだか訳のわからねえもんに一生懸命頭を下げる必要ないもの、わたしゃ。

この自然現象を、科学的な知識から考えてごらん。このエネルギーを働かす根本があって、その根本がそれ自身自体のつくったさまざまなエレメントによって、この現象界に変化変転が現われてる。このエネルギーの根本要素を「ブリル」と名付けております。もっとも新しい、これは精神科学が発展した言葉。

ブリルの収受量、言い換えれば根本エネルギーである大きな力、これは科学で言うと微粒子的存在としてますが、あらゆるすべてのアトムの先祖であります、原子のね。この受け入れ量が生命を強く長く広く深く生かす、一番の大根となるの。そうなるのに、さっきも言ったとおり、人間を感情の動物だなんて思っちゃいけないの。そう思う人は、人間それ自身を値踏みする上に大きな誤算を持ってる人なの。

じゃ、人間とは何だろう。正しい真理の上から厳粛に言えば、「人間とは、感情を統御し得る生物なり」、これが本当の人間の姿。しかるに、この本当の人間の姿だという真理の上から、厳しくあなた方の人生生活を考えてごらんなさい。感情を統御するどころか、しょっちゅう感情に追い回されてるんだろ？　のべつ自分の心が怒ってるか、泣いてるか、怖れてるか、悶えてるか、迷ってるか、苦しんでるか、憎んでるか、妬《ねた》んでるか、嫉《そね》んでるか、このどれかしらに当たるわね。心に一切の邪悪邪念なく、怒りも悲しみも怖れも憎みも妬《ねた》みも嫉《そね》みも悶えも苦しみも悩みもないで生きてる人、千人に一人。

天風会員になりゃ、みんないざという場合の心の取り扱い方を知ってます。けれども失礼だが、たとえどんなに宗教を信仰してる人であろうと、また他の修養法をおやりになってる人でも、断然御存じないということを私ははっきり言い切ります。なぜならば、天風以外の教えは“how to say”に重きを置いて、“how to do”に重きを置いてないからであります。

■感情をコントロールできない人々

ほんと言うてえと、十二月の五日に私は、アメリカへ連れて行かれることになってたんであります。とにかくカネがあるからではあるかもしれないけど、ロックフェラーという人、四〇〇人からの生物学者を集めてからに、人類福祉のために二十年間営々としてロックフェラー生物学研究所では、主として人間の健康建設への努力をしてます。

それだけ立派な学者のいるところで、少なくとも人間が人間として生きる生き方に対する正しい発見や正しい理論理解を持ってる人がいるだろうと思うに、一人もいないんですな。いないから私みたいな、しかも彼らから見りゃ敗戦国の一学究にしかすぎない者を、ここにいる人が一生かかってもできないようなカネを最初の条件として持ち出してるのです。あれ持ち出さなければ、あるいは私ひょっと行ったかもしれない。あれ持ち出されて、あいよって行ったら、カネが欲しいから行ったと必ず多くの人が思いますわね。

もし私がロックフェラーの求めに応じて行ってごらん。ああ、あの人間は二五億を礼金として出すというんでもって、アメリカ人になったなんて。アメリカへ行くと、アメリカに帰化させられるらしいんです。だから帰化したら二五億。しかし帰化しなかったら三年間、一年間を一〇万ドルのお礼で、帰るときにもう一遍その一〇万ドルをダブルにすると。一〇万ドル、日本のカネにするといくらになるんだ？　三六〇〇万円（当時一ドル＝三六〇円）。そいつを三年くれる。一億円以上だ。そいつを帰るときまたそれだけくれるっていうんですから、二億円以上が手に入るわけだね、三年で。一生アメリカ人になったら二五億やるって。あんた方ならどっちにする？

天風、どっちも要らない。そんな二五億なんてカネもらったらどないします？　私。いえ、三六〇〇万円だって要りゃせんがな。ここに立ってるとき、そんなもの要らん。何も要らん。手ぬぐいがありゃいいだけ。それをやっぱりアメリカ式ですわなあ。報酬を先に謳い出したの。カネやりゃ来るだろと思って。だからカネくれるって言うから行かんのやと、こういうんだから私。アメリカ人としては、人をただ使うことできないっていう。そりゃそっちの勝手や。行かんだけの話。

しかしここなんですよ、聞いてもらいたいのは。そんなことはどうでもいいんだよ。それだけの犠牲を払っても私を呼びたいというのは、知らないんだよ、いかにすれば感情をコントロールする正しい人間になれるかということ。フィーリングに対するコントロールということを知らない。しかしアメリカ人ばかりじゃない。あなた方だってご存じない人多かないか？

よく言うんだけどもねえ、お医者さんが患者のとこへ行ってからに、帰りがけに「お大事に」って言いますね。あれ、どういうことかと聞かないからそれなりでもって無事に済んでるんだけど、よく考えてみりゃ、言っているほうも言われているほうも、わかってないですよ。

「お大事に、また明日《みようにち》」

「ちょっとお待ちください、先生」

待ちます、医者。なんかくれると思って。そのときに聞くんだ。

「お大事にとおっしゃいましたけど、どこをどう大事にいたしますの？」

柔らかく聞きなさい、喧嘩になるから。

「それは困るね。そりゃ大事だよ」

「ですから、どういうふうにいたしますれば大事になりましょう」

「あんたも変なこと言う人だな。夜も十分寝かして食べ物も暴飲暴食させないで、何おいても第一番に必要なのは病を気にしないこっちゃな。さようなら」

「先生、ちょっとお待ち。その暴飲暴食だけは看護のほうで気をつけますけど、夜よく寝ろといっても、あの病人寝てられません。夜になるてえと意地悪く目覚まします。まるで泥棒猫みたいに。それで気遣うな言うけど、あの病人ぐらい、まあそれは病を気にする者いませんよ。どうします？　そういうときに」

「そりゃあ、その、そこが大事にする」

「どうすりゃ大事に？」

「それはその……ううーん、それは、僕のこっちゃない。それは病人のこったから病人に言いなさい。よく寝なさいと」

あんまり問い詰められると自分が困るもんだから、「さよなら、また来ますわ」

「そんなこと言ったら、先生、ダメですわ」

「そうか。じゃ、ま、しょうがない。鎮静剤でもあげようか」

たいていもう臭素カリぐらいでごまかしてね、「これ貴重なもんですぞ」と。そんなもの効きやしないのに。

他人事《ひとごと》としてからに、我に関係なしというような気持ちで聴いちゃいけませんよ、あんた方。御婦人なんかが子どもに小言言うとき、親がわからないでもって、小言言われてる奴もわからないで、両方ともわからない。まるで「こんにゃく問答」みてえ。それをしかつめらしい顔してからにね、小言言ってる人があるよ。

「ここへ座んなさい。あんたね、お母さんの気持ちわかるんでしょ？」

「うん」

「高等学校行ってるのね、あんた」

「へえ」

「なんで学校行かないの？　聞くところによると、あなた学校行ってまいりますっていうから、学校行ってるのかと思ったら、パチンコばっかりやってる」

「ええ」

「あんたパチンコやって出世できる？　あんた学生でしょ？　学生っていうのは学問するもんでしょ」

「それ知ってる」

「知ってるなら行ったらどう」

「それねえ、一遍折があったらお母さんに聞いてみようと思って」

「何を？」

「お母さん、私よりも先に生まれて私を産んだ人だから、私よりも苦労をよけいしてるから知ってるだろうと思うんだけど、そういうときどうすりゃいい？」

「何を？」

「学校へ行くつもりで出るのは出る、確かに。今日は行こうと。それであのパチンコ屋の前を通らなきゃ行かれねえ、学校へ。他を周ってったら学校行くの一時間もかかる。それでパチンコ屋の前に来ると、そうすると、すうっと気がつくとあそこへ入ってる。これ、お母さんに聞いてみたい。悪いということは知ってるんだ。ところがパチンコ屋の前を通るとすうっと入ってしまうんだ、これが。それでついついパチンコやってるんだ。これどうすれば治る？」

「何言ってるの。お母さんがおまえに聞きたい、それ」

「それお母さんも知らんないんだろ？　それで悪いことはわかってる。それがわかっててどうしてもそうせずにはいられない。これに効く薬あるか？」

「アホ」

　これでたいてい参っちまうよ。お母さんに聞かないからいいんだあれ、子どもがな。親孝行や、聞かない奴は。

感慨無量な顔して私の顔見てる人がいるよ。「うちの息子がそうや」なんてね。学校の先生が生徒に小言言うときだってそうだ。

つまり、我々が今まで人生に生きる際に、心の中に得た人生統御の方法たるやです。できない相談をできるかの如くに考えて教え込まれた、ここに過ちがある。我々が教わった方法は、抑制禁止。そういう心が出たら抑えなさい。そうなったらば出さないようにやりなさい、これ。これで抑えられる、止められるなら人生何も苦労しやしない。そうでしょ?

坊さんのほうではよくこう言います。「人間が極楽行かないまでも、日日をもって安楽に生きたかったら、何においてもまず欲を捨てなされ、欲を。欲捨てなされ」。捨てなされって言ってからに坊主、欲の深いことね。だからついでに言ってくれりゃいい。「あなた方は欲を捨てなきゃいけない。在家の方に欲は禁物じゃ。欲は私たち沙門《しゃもん》の身だけ」なんて言やいいんだけど、言わねえ。その証拠には、お布施よけい持っていきゃ、お経の調子が違ってくるからな。坊さん言いやしねえ。

「欲を捨てろって和尚《おしょう》さんおっしゃいますけども、どうすれば欲というもの捨てられます?」って聞くとたいてい、これはもうお説教の紋切型。

「それはなあ、諦《あきら》めがついてないからだ。一切合切、諸事万事因縁づくじゃと諦めなされ。大津絵節にも歌ってある。『使い果たして二分残る。金《かね》より大事の忠兵衛さん、咎人《とがにん》になりゃしゃんしたも……因縁づくじゃと諦めくだしゃんせ』と」

「諦めろよ」と言われて「あ、そうか。諦める」とすぐ諦められりゃ、何も人生苦労しやしない。諦めろと言われりゃ言われるほど、諦められ・ら・れ・ら・れ・ら・れ・ら・れない。これが抑制禁止です。

実は私なんかもねえ、三五歳ぐらいまで、我慢して生きてたんじゃない、知らないから、余儀なく。あなた方と同じだったんです。それがこれじゃああかんと思ったそもそもの動機は、それまでついぞ経験しないことを病になって経験しちゃうんだよ。

それはなんだっていうと、なんと俺、病に対してこんなに弱い気を持ってるところみると、俺は卑怯者だなということを発見したんだよ。それまでは命懸けの仕事をして、今の人が全然想像もできないような、いつ殺されるかわからないような軍事密偵に、日清・日露の両役《りょうえき》を通じてご奉公していた。その過去の私の強かった心なんていうものは、病になって病が重篤に陥ってから、全然どこの隅に行っちゃったんだかわからなくなっちゃった。

これねえ、一週間ばかりでやめましたけども、お恥ずかしいことしちゃったんだ、私。あるときひょいと気がついたら、一生懸命に自分の脈取ってるんだ。かりそめにも医学を知ってる人間、自分の脈を自分の手で取って何がわかる？　これまさに、神経が過敏だから取ったんや。取ったって何もないやね、これ。今まさに死ぬという脈打ったからっていったたって、ああ、脈が死にそうになってるから生きようと思ったたって生きられやしねえ。

そうして、これも病がだいたい結核病だったから、熱がしょっちゅう絶え間ない。それをまあねえ、熱があるのが結核病だということは知ってながら、暇がありゃガラスでこしらえた体温計という得手物《えてもの》をね、これが気になるんで。そしてね、「もっとあるはずだがなあ、これ。七度五分ってことはあるか。もう一遍やれ」。こういう人いるらしいな。仲間がいるんでいくらか私も安心してるが、しかしねえ、我ながらなんという浅ましい、弱い気持ちになったんだろうと思いましたよ。

人にも誇り、自らも許したあの強かったその昔の俺は、どこ行っちゃったんだ。これはいくらあなた方に申し上げても、実地見たんでないからおわかりになりますまいけど。浪花節や新国劇（天風の軍事探偵生活をモデルにした劇『満州秘聞』）でよく私のことやってくれますが、思い起こせばもう五十年も昔、明治三十七年の三月、ちょうど今日みたいなうららかな天気の日でした。

死刑の宣告を受け、朝の七時に刑場に引かれまして、後ろ手にこういうふうに縛られて立たせられた、そういう運命を持ってる私であります。そのときの助けられた状況を新国劇や浪花節は謳ってくれてるんですが、そのとき私は死に対する恐怖、全然ない。軍事密偵を志願して採用されたときから、「再び日本には帰れないという、おまえは尊い御国のために人柱になる人だ。靖国神社で会おう」。川村元帥（川村景明）に言われた言葉を誇りに持って出発したくらいですから、今の青年の考えられないような気持ちを、その時分の青年は持ってたんや。

今の青年から見たら、「アホかい、ほんとに。もう何が国のためや。何が天皇のためや」と思うだろ。その時分には一生懸命思っとった。いや、笑いごとじゃない。ほんとよ。もうね、『君が代』が歌われると、涙がポロポロ、ポロポロ。天皇が通るときに、何も自分を見たわけじゃないんだけど、自分のほうを見りゃ、「ハハァ」っとこう言ったもんだよ。

その後ずうっとアメリカ行っててね、まだその時分には今のような日本人は少なかった。みんなやっぱり天皇陛下が一番偉いものと思ってる。

「おまえも、あれかい？　やっぱり天皇陛下のためには死ぬかい？」って訊く奴、アメリカの、スウェット・マーデン（『How to get what you want』の著者。天風はこの本を読んで感動し、アメリカに訪ねていった）が。

「オフコース」って言ったら、

「一遍でも、なんかもらったか」と言うから、

「ううん」

「握手でもしてもらったか」

「ううん」

「握手もしないの？」

「うん」

「何ももらわない？」

「うん」って言ったら、

「ふーん、それで死ぬの？　おまえ、精神に異常ないか」って言われた。

今の若いもんにはこれピーンと来るわね。でもその時分には、「アンチクショー、ヤンキーだなんたってモンキーの風情じゃねえか、こいつは」、なんてなふうに考えたもんよ。

それですから死刑の宣告受けて、今何秒かの後にはこの世を去るという土壇場に立っても、それも今の若い人全然わからない気持ちで、古い人はわかるでしょ。軍国に志した青年が今まさに御国《みくに》のために、胡砂《こさ》吹く風の満州の人もいないこの原っぱの真ん中で、たった三人のロシア兵と一人のロシアの将校と一人の満州の通訳と、五人に俺の死出の門出は見守られていくのか。ああ、この勇ましい俺の姿、せめて産みの親に見せてやりたい。

母は、私が軍事探偵になって命懸けでもって国のために尽くすという、これを聞いたときに、さあもう躍り上がって喜んだんですよ。「万歳、万歳、万歳。それでこそ初めて、男の子を産んだ私の本当の甲斐があったよ。もうその気持ちが出たら、あんたの体はお母さんやお父さんの体じゃない。お国の体、天皇の体」、それをまた喜んで聞いたもんだ、私。

今のおっかさんなんかにそう言ってごらん。

「お母さん、行って帰れないところへ行くことにした」

「何？　帰れない？　それは死にに行って、それいくらもらえるの？」すぐ聞くでしょ。

「カネなんかもらえやしないよ」

「おカネもらえないのにおまえ、死んじまうのかい？　お母さんはどうなるの？」

「どうなるったって、お母さんはしょうがねえ。いっしょに連れていくわけにいかない」

「あんた、ここへ座りなさい。あんたなあ、私、あんた一人が杖よ。柱よ」なんて泣き出しゃせんか。

とにかく、そういう強さを持っていた私の心が病になった。死ぬのは恐ろしかないけれども、あの病から来る苦痛に耐えかねてやっちゃった、えらいみすぼらしい憐れな心。人に侮辱を受けたより、自分自身が自分自身の心の中の憐れさを感じたときぐらい悔しいことありません。

ここが違うんだ、あんた方と私と。あんた方は人に馬鹿にされると怒る。馬鹿でもないのに「馬鹿」なんて言われて、すぐ怒る奴がある。「馬鹿！」「何が馬鹿や」。自分で馬鹿だと思わなかったら聞かなくたっていい。馬鹿じゃない証拠だろ。それをあなた方は馬鹿だから怒るんだろうね、あれ「馬鹿」って言われると。「ほんと言うな」って。

そういうような状態だから早い話が、少しでも正当の自覚を持って生きてないという場合のほうが多いんだけど、とにもかくにも強いと思い込んで自惚《うぬぼ》れもあったその自惚れの鼻がぴしーっと折られるような恥ずかしいことを自分でやって、自分の心の惨めな虐げられた弱さを感じたとき、本当に「クソ、コンチキショー、死んじまおうか」と思ったぐらい恥じらいを感じたよ。それが、私が人生というものを考えるようになったそもそもの動機。

ところが、人生てえものを考え出して驚いちゃったよ。八十二のこんにちになってなおかつ、これでいいわってほどまだわからねえ。わからないことといくらもあるんですよ。わかったことだけ教えりゃいいんだから、あんた方に。けれどそのわかった事柄の中で感情の統御、これがわかったことが今言ったとおり、ロックフェラーが憧れの気持ちで私にアメリカに来いと言って。幸か不幸か私はまた、日本語の演説と同じように英語の演説も上手だもんですから、それでよけい重宝に思われるのかもしれませんけれど。

だから「自慢じゃないけど」ということをよく人が言いますが、私は大きな自慢で、世界でたった一人っかない、"how to do"説いてるの。いかにすれば我が身、我が命の心でありながら自分の思うとおりにこれをコントロールできるかという方法を知ってるもの。観念要素の更改、神経反射の調節、同時に積極観念の養成、クンバハカ密法やプラナヤマ法、養動法、いろんなことを教えてるんだもん。

精巧なる機械を、一目見ちゃどうしていいんだかわからないような機械でも、十分それをよく知ってる技師ならば手足のように動かすと同じように、今まではどうにもならん、何だか我が身、我が命の心ながらも、感情や本能の狂ってきたときには、どうにもしゃあないやと思ってた人間が、今度は快刀を持って乱麻を断つより以上、右旋回、左旋回、自由だ。

■消極的な感情は抵抗力を弱める

この節、「よろめき」という言葉が流行ってます。私の講演は巧《たくら》んだ講演じゃありません。こうやってしゃべりながら皆様見てるうちに、すらすらすらすら言わんと欲することを言わしてくださる、私の魂が。よろめきという言葉、いい言葉ですねこれ、天風会員には。初めての人は目丸くして見てるけど、何がいいねん、これ。天風会員はね、よろめきにはちゃんと自分自身を統御する力を持ってるからね。ここから以上よろめいちゃいけないというときは、よろめかない、ピサの塔みたいに。もっとも、ピサの塔このごろひびが入ってるそう。ところがあなた方が、万が万一よろめき出すてえと、線路のないところにまで飛び込んでいっちまうからね。これが危ない。

つまり人生は、よろめきかけたところで止まってるとこにいいとこがあるね。そして向こう向く心に、「こっち向け」って向け得るようにならなきゃあかん。それを「これを怒らずにいられるか」とかね、「これを怖れないで、どないするねん」なんて。中にはもっと変な理屈言ってる。「俺はなあ、怒りたかねえぜ。怒りたかねえや」。怒りたくないなら怒らなきゃいいじゃねえか。「怒りたくはないけれども、これでも怒らずにいられるかというふうにするから堪忍容易なく怒るのや」、それは付き合いで怒ってるんだ。

怒ったり悲しんだり怖れたり悶えたり憎んだり、ねえ、迷ったり悩んだりすると、一番先に血が汚くなる。アシドーシス（血液の酸性度が高くなりすぎた状態）。一番、肉体健康を丈夫に生かそうとするところの血液が濁っちまうんだ。今日これ少し学術的な話ですが、しておきます。

とにかく、今言ったような消極的な感情がふわーっと出るでしょ。それをコントロールしないとね、いきなり先どんな結果が来るかというと、交感神経系統がふうっと異常興奮を起こす。そうすると同時に、よろしいか。腎臓の上にある副腎の中からアドレナリンという化学性物質が発生するんであります。アドレナリン、慌てて言うと舌噛むようだ。

これは何のために発生するかというと、はっと驚いたり、ぎゃあーっと怒ったりしたときに、各種の破壊作用が知らない間に細胞組織の中に生じますから、その生じる破壊作用を防ごうがための自然現象なんだが、ここなんだ注意すべき問題は。そういういい目的を持ったものでも、分量が増えちまうといけないの。どんないいことでも、例えば栄養物が大変これいいからというんで「お食べ」ってから「それじゃあ」っていって、そいつを仰向《あおむ》いて歩けないほど食ってごらん。すぐ胃カタル起こすもの。

このアドレナリンがいわゆる発生過剰の状態になると、あれは恐ろしいんだ。いろんな結果が来るが、一番先には末梢動脈がぴぃーっと収縮するんであります。収縮すると同時に、血液の循環障害というものが起こってくる。円満に血液が循環しなくなる。そして恐るべき問題は、血圧が上昇する。同時にしばしばそれを繰り返してやってると、血管硬化が早く来る。

この間大阪で、おそばとうどんのすき焼きをするところへ連れていかれた。今、ご馳走するがために言ってるんじゃないんですよ。広告頼まれたんでも何でもない。中年以上の紳士がわんさ来てる。うまくもなんともないんだ。連れてってくれた人があそこにいて、こんなこと言っちゃ相すまんけど、二度行きたくないから、何言ってもかまへん。あんまりうまいもんじゃありませんわ。江戸っ子の口にはちょっと合わんわ。こんなまずいものようまあ、どっさり食うわと思ったらね、来てる人はなんで来てるのかと思ったら、

「うどんが食いたい、そばが食いたいで来てるんじゃないんだ」

「なんだ？」

「血圧が下がるといって来てる」

「そうか」って言ってるときに、

「なんで早う持ってこんねん、おい、もう、これから東京行くねん」なんて言って怒ってる奴があるんだ。あれ？　そば食って血圧下げて、怒って血圧上げてるわ。

食べ物からも来ようけれど、一番恐ろしいのはこれだ。末梢動脈を収縮して、毒薬を一生懸命製造してるんだよ。

それから二番目には、アドレナリンが生産過剰になると、糖分がどうかしてからに、血液が酸性化しちまう。この血液の酸性化というのはおっかないんで、血液というものは弱アルカリ性、学問で言うと純正アルカロ―シスというのが理想なんであります。

どういうわけで糖分増加するかというと、かあーっと怒ったり、はあーっと驚いたりするでしょ。そうすると肝臓の中の糖原質がブドウ糖に変化しちまうんであります。ブドウ糖に変化してからに、このブドウ糖が必要なところに流れててくれりゃいいけど、組織の中に入ってくる、このブドウ糖が。よろしいかい？　そして血液をバクテリアに抵抗する抵抗力の弱ーいものにしちまう。

さあ、ここだ。近来、特に戦《いくさ》が終わってから後《のち》、国民のほとんど八割、九割を冒してるというあの結核菌。これが憐れ、明日ある将来を持つ若人《わこうど》をこの世からどんどん帳消しにしてる。

ほんと言ったら若い者は、血は炎と燃えてるはずだが、燃えてる血がばい菌に抵抗する力の弱い血や。「あら、こんなに燃えてるわよ」ってダメだ、その燃え方はね。何の力もない火が燃えてるんだもん。絵に描いた火事みてえなもんだ。

しかも、そういう人間の多いのをじいっと見てごらん。何がゆえにと思うと、病原菌が放射作用でもって天下に瀰漫《びまん》したからじゃないんだよ。何が瀰漫しようが、ばい菌を束《たば》で食おうが、抵抗力があったら冒されやしねえ。

結局要するに、抵抗力の薄弱な人間になっちゃってるから、その原因はそもいずこにありやって言や、心の使い方。結核菌なんかに冒される人間、見てみな。みんな神経が過敏で、気が弱くて、やたらに怒って、やたらに怖れて、やたらに悲しんで、憎んで、嫉《そね》んで、妬《ねた》んで、悶えて、悩んでるわ。そうするとまたね、そばについてる人間、特に親馬鹿ちゃんりんの場合は、変なこと言っちゃったけども、他人ならともかくも親というやつは親馬鹿ちゃんりんになるからね。怒ったり泣いたりするてえと、看護の人に弁解する。「勘弁してやってください。病人ですからね。ああ、怒りたいときはお怒り、お怒り」、何や、これ？

丈夫になりたい、達者で生きたい、長生きしたいという請い願う心がありながら、やってること、することなすことすべてのことが、短命で病が治らないようにすることばかりやってる。東京に行こうと、代わりに三宮に行って九州行きの汽車に乗ってるんだ。これ行けるはずがありません。いくらカネを山と積もうと、天下の名医を呼んでこようとダメ。私のところに来てからに、どんな重い病でも、私が引き受けたらへいちゃらで治しちまうのは、正しい道を歩ませるからなんで。

こんな話がある。神戸から電話かかってきた、ある奥さんから。その前に結核のひどいのにかかって、肋骨《ろっこつ》を治療した人が会員になって治って、非常に健気になって、この人がもう盛んに活動してからに、オートバイで乗り回してるという。それが、親友が東京から久し振りに戻ってきたてえんで、夜の夜中までいっしょに食ったり飲んだりしたんでしょ。その挙句、このオートバイに乗って帰る途中に、トラックと衝突して往来へおっぽり出されて、それで脳底骨折で病院に入った。「もう今夜危ない。先生、お願いする」、こう言う。

脳底骨折をしたものの、普段の修行は尊いなあ。医者もびっくらこいたっていうんだ。うんうん唸っていても、ここで教わった教義を口ずさんでいて治っちゃったんだから。ねえ。

それなのに、つまんねえ、このごろ風邪引いて死んじまう奴あるぜ。死ぬんならもう少し派手なことで死になさいよ。つまんねえ、ほんとにもう。馬鹿な奴だと言われるだけじゃねえか。風邪なんかおっかながるなよ。

風が吹いたり日が出てたりするから、この人生だよ。風も吹かず日も照らなかったら、いったいどうなる。風邪を防ぐ一番の根本的な秘訣は、風邪をおっかながらないことだよ。「引くんなら引きやがれ、チクショーめ。風邪なんか引かされたって、こっちは引かねえから」って、こういう気持ちでいりゃいいんで、おっかなびっくりやってるとすぐ来るぜ。

さ、どうぞ、こういう意味で今日聴いた笑い話の中にも悟らなきゃならないことがあったと思し召したら、晩にいらっしゃい。そしてこの四日間の講習会で、来る年を颯爽《さっそう》として、新しい面目を一新した生き甲斐のある人間に成り変わるいい計画です。

■「六つの力」とは何か

健康も精神力も、また安心立命感も、もっとわかりやすく言えば、健康法の求めるところも、精神修養の求めるところも、宗教の求めるところも、打って一丸としたものを自分のものにして生きている人間というものをつくらない限り、いわゆる人生幸福を高いところに置くだけでもって、高嶺《たかね》の花として手に取ることあたわず。一生涯をただ己の影法師を追っかけて生きるような人生で生き終わらなきゃならない人間ばかりが増える。そういう人間ばかり増えたときには、個人的に言えば、個人の不幸であると同時に、これが大きな意味における人間の集団である国家社会というものを不幸にする。

この点、私、考えざるを得なくなったのであります。それが、四十年前の私の気持ちを、事実としてこういう仕事を行なわせる、第一の動機にさせたのであります。

ですから、私が組み立てた心身統一法、また明日からあなた方の理解に正しいお導きを与える心身統一法は、健康になり得て、さらにまた精神修養を完膚《かんぷ》なく自分のものに成し得て、そして、いつ省みても盤石不動の安心立命感で人生に生きられる人間になり得る、資格をつくる要素を完膚なきまでお教えする計画であります。これが、心身統一法の人生に対する考証の全体として組織した、私のイデオロギーであります。

一体全体、たった一つの方法、しかもわずかな日数で、小さなお金で、どういうわけで健康法の求めるところ、修養法の求めるところ、また宗教の志すところが打って一丸として自分の人生に現実な姿でもって掴めるのか。それは、そうした事実をわが物に成し得る資格条件というものが、この心身統一法を教えられるがままに無邪気にやっていると、ひとりでに生まれ変わったような人間のように感じるほど、生命の中に出てくるのであります。

その資格条件とは何か？　いわく「生命の力」であります。といっても抽象的でおわかりになるまい。分類すると六つに分けられる。

第一が体力、

第二が胆力、

第三が判断力、

第四が断行力、
第五が精力、
第六が能力。
この力、どれ一つとしてなくちゃならない大事な力ですよ。人間がこの世に生まれて、寿命尽きるその日まで、この六つの力が完全でありゃ完全であるほど、そして自分の生命の内容に豊富でありゃ豊富であるほど、我々の人生というものは、いつ省みても春風駘蕩《しゅんぷうたいとう》たる状態で生きられるのであります。
そうでしょう？　第一、体力が完全でなければ、この病的刺激の多い人生に生きていくときに、健康で長寿を全うすることができるか否か考えてください。今の世の中の人の、いかに弱い人の多いことか。どうもないというふうに羨ましいほどの健康美を発揮して生きている人、百人に一人ありゃしません。千人に一人どうやらこうやらか、まあまあ、一万人に一人二人でしょうね。何という病はないとしても、やあ、肩が凝るの、腰が痛いの、やあ、頭が痛いの、目まいがするの、やあ、胃が痛いの、腹が調子よくないの……などと言ってなきゃ生きられないような、憐れな奴が多くない？
そうしてまた、早死にの人の多いことね。六十まで生きるのがもうようやくだという人間が、今の人間には多いんだもの。七十を超すと古来稀《まれ》だって言うんですってね。これは何千年前から言っている。八十を超した人間は極めて少なく、九十を超した人間はほとんど数えられるぐらいしかいない。百を超えた人間は日本中だけでもって十三人しかいない。

二度も三度も生まれ変わりのきく人生なら、こりゃいつ死んでもかまわないかもしれない。しかし、一遍死んだら二度出てこれないのが人生で、どんな時代でも二度生まれてきた人があったためしを聞かない。である以上は、生きられるだけ長く生きなきゃ嘘でしょう？

こう言うと、「そりゃそうや。誰だって長く生きたいわ。けど、生きられへんがな、こんな世の中。生きるのにしょっちゅう生存競争の負担は多いし、おまけに人間という人間は、みんな病人ばかりじゃないか。そんな中で生きているんだもの。始終この病的刺激でもって苦しめられていりゃ、やっぱり巻き添えを食うわな」なんて間違った議論を少しも間違えていないように考えてる。

天風哲学は厳《おごそ》かに宣言する。私は、確信を持って、絶対の責任を持って、はっきり申し上げておく。私の教える心身統一法を無条件に受け入れて、無邪気にひたぶる心に鞭打ちながら実行に勤《いそ》しめば、九十までは必ず生きられるということを私は断言するのであります。

私のような、医者がちょいと診てもすぐ「もうあかんわ」と匙《さじ》を投げる、普通の肺病と違った奔馬《ほんば》性の肺結核。原語ではギャロップ性の肺結核と言います。馬が駆け足するような激しさで悪くなっちまう、それで肺がどんどんどんどん崩れていく肺病なの、私のは。ロウソクの蝋《ろう》が火でもって溶けるようにね。

その肺病にかかって八年間、三十八回も大きな喀血をして、「この病人が治ったら、煎《い》り豆に花が咲くぞ」と当時の天皇の侍医頭をしていた医者が公然と言ったくらい、見込みのなかった私が、あなた方に教える方法を行なっているばかりに、現在ただいま非常に弱そうに見えます？　なんとなくやつれていて、話するのも痛々しげな、気息奄々《きそくえんえん》としてお気の毒だと見える？　「なんて小憎《こにく》らしい爺《じじい》だろう」と思うだろう？　これ、この方法のおかげであります。まだ私は九十になっていませんから、九十まで生きられるなんて偉そうなことを言うのは、少し僭越《せんえつ》だと思し召すかもしれないが、私の教えた著名な人がみんな九十まで生きている。

私のこの体で、右肺の五分の二はほとんど役をしない肺であります。それが、ありがたいかな、真理に即して人生に生きるという方法を行なうと、我ながらあきれるほど強いものが、体力の中に漲《みなぎ》り溢《あふ》れてくるんですよ。

それを、若い人間でありながら、少しでも普段やりつけない仕事をすると、「おお、しんど」。ありゃよくない言葉だよ。半分以上はあの言葉で自分が疲れている。わがままな放縦《ほうじゆう》な贅沢な気持ちが、そんな弱音を吐かせるのでしょうけれども。また、そんなことを言っている奴に限ってからに、ちょっとしたことも原因になってすぐ体を悪くする。それじゃ長生きできませんよ。

のみならず、油断もできない人生。のべつ我々を病に陥れようとする病的刺激が、手を変え品を変えて、我々の生命の隙をじっと見ているんですから。それをただポーッと空気の圧迫で、ついでに生きているような生き方で生きていたんじゃ、これは長生きなんかできやしません。

それから、仮にどうかこうか、まぁ、ある程度まで寿命長く生きられても、胆力なき世界に生きたらどうだろう？ 近来、嫌な言葉がはやっているね。昔の神経衰弱、今のノイローゼ。ノイローゼという言葉ばかりかと思ったら、サラリーマンのおかみさんの月末はナイローゼだってね（笑）。これは、神経過敏で気が弱くなっちゃったから生じる現象だ。

胆力ある者は、容易にものに驚きやしません。気の小さいのを自慢にしている奴があるだろう？ 恐ろしく飛び離れた馬鹿だと思う、私。剛健、容易に物に動じない胆力、これは欲しいもんです。ちょいとしたことでもすぐにビクッとして、胸がドキドキッ、これじゃ長生きできるはずがない。体の中の調子を全然狂わせちまう。どんな精巧なスイス一等の時計だって、のべつ金槌で引っぱたいてしまえば狂っちまう。

人間の体だってそうだもの。できている人というものは、容易に消極的な怒りだとか怖れだとか悲しみというものに動かされないんです、心が。だから、できている人間を傍《はた》から見ていると無神経か馬鹿に見えるでしょう。慌てて急いで、周章狼狽《しゅうしょうろうばい》（うろたえて騒ぐこと）、懇切丁寧に驚いたり泣いたり怖れたりしないもの。

と言っている間にも、少し大きな地震でもあると、すぐわかるんだがね。たいてい私の話なんか聞かないで飛び出しちまうぜ。見えない地震とかけっこを始めやがる。残るのは私ひとりだ、たいてい。もっとも「先生と一緒に死んじまおう」なんて奴は、私のところへ来るかもしれないけどもね。

あなた方が人生に生きる場合、心のできていない人は、形容すれば「風声鶴唳《ふうせいかくれい》、逡巡《しゅんじゅん》忸怩《じくじ》」、薄い氷の上をおっかなびっくり渡って歩いていると同じような、少しも心の安んじている状態のない人生に生きていやしません？　そういう人生に生きて、しょっちゅう心臓をはじめ、神経系統の生活機能に乱調子をつくって生きている人間。生きる力が衰えるばかりじゃない、仮にある程度長生きができても、毎日一日が楽しくないでしょう？　どうです？

そうしてこの胆力のできていない奴は、赤ん坊に対しても恥ずかしい。夜の寝つきが悪くて熟睡ができない。赤ん坊に少し教われ。まだ物心のつかない時分からすやすやと寝ます、催眠剤を飲まずに。それを、いい年をしやがって、物心ついて色気が出て、赤ん坊より利口になっていながら夜寝られないなんて、それなら広場にでも行きゃいいんだけれども、床の中でごろんごろんしているだけ。これ「胆力なきが故なり」ということを結論的に言っておきますぜ。つまらないことに気を引っかからせて、それと取っ組み合って関わり合いつけて、ああでもないこうでもない、滑《すべ》った転んだで寝ないじゃないか。「寝られない」って言ってんだ、そして。寝られないいんじゃない、寝ないいんだよ。

ネガティブとポジティブとは違うんだぜ。寝られないというのは、他力的な原因があって寝られない場合。寝ないで寝られないというのは贅沢だがな。そうして、おどおどせかせか落着かない。歩く姿を見たって、何を追っかけて歩いているんだか、何に追っかけられて歩いているのか、落ち着きのない人間の歩く姿が街に、もうそこにもここにもだ。だから、そういう人間なんかが、少し自分の尊敬するような人間や医者なんかに嘘でも驚かされると、びっくりして上がっちまうのよ。

「あんた、どこか悪くないのかな?」

「いいえ」

「いいえって、のんきだな。よく考えてこらん。どこか悪くはないかい。気持ちは?」

「どうもありません」

「どうもないはずはないだろう、真っ青だがな」

「えっ、そうですか?!」……それでもういけなくなっちゃう、胆力のない奴はね。

たった今まで元気で働いていた奴が、医者に行ってからに、医者が少し首を傾げてからに「用心しなきゃだめだな、こりゃ。素人はだからおっかないよ」なんて言われると、もう一遍でペシャッとなっちまいますもんね。何のことはない、医者にこしらえてもらった体のように思って、気を落としてしまう奴がある。

それから、第三の判断力、これがいかに今の世の中の人に少ないか。考えの足らないばっかりにやり損なっちゃ、後で後悔している人が多かないかい？　同時に、相呼応して断行力がまた極めて乏しい。だからこの世の中に、人という人の数は多くはあれど、成功しない奴のいかに多いことよ。

世間を見てごらん。男四十ともなりゃ、もう立派に成功してなきゃならない人間が、数においても多くあるべきはず。ところが、五十になっても六十になっても一向に花の咲かない「わたしゃ河原の枯れすすき」というような奴が多いぜ。

「今年俺も五十八だが、なんにも今までいいことはなかった。せめて連れ添う女房に春夏秋冬一枚ずつも着物を着せてやって、夏冬には山なり海になりに連れて行ってやりたい気持ちで最初は夫婦になったんだが、なんにもしてやれなかった。来年はひとつ」……ダメ、そんなのは。ただの空元気《からげんき》で立っていたって、人生解決つきやしない。これすなわち、判断力と断行力と兼ね備わざるがためなり。

それから精力。これもまた、はち切れるような旺盛さを持っていなきゃだめだ。精力には二色ある。肉体精力と精神精力。肉体精力が衰えちまえば、相撲じゃないけれども、年が若くて年寄になっちまう、「若年寄」。人間、生きてる間、精力を衰えさせちゃだめよ。これは男も女も共通的なのよ。たいていもう六十を超しちまうと、男も女もすっかりそれにはご用がなくなっちまう。何を楽しみに生きてらっしゃるの？　精力の衰えた体、ひびの入ったコップよりまだ情けないわ。

それから、精神的精力が落ちるとどうなる？　克己心《こっき》と忍耐力がなくなっちまう。よく年をとると気が短くなるとか、根が続かないとか、やたら癇癪《かんしゃく》を起こすなんていうのは、精神的エネルギーが減退した結果だ。もっとも、この頃は若い奴でも減退し切っちゃってる奴があるね。やたらに怒りっぽい奴がいる。妻君なんていうものは、まるで怒る相手のように考えている奴がある。

それから能力、これにも二色。肉体能力、精神能力。これも減退したら、実に人間というものは憐れ惨憺《さんたん》、この世を生きる範囲が狭いものになっちまう。

人生は、やせ我慢や空威張り《からいば》や独り決めのドグマ（教義）の断定では、なんとしても解決はつかないんであります。なぜならば、生きているということが既に現実なんです。

人生とは、現実の命が生きている瞬間瞬間を指して言うんでしょう？　もっとわかりやすく言えば、切りゃ赤い血の出るこの肉体を、生かしているという意識感覚を持っている一コマ一コマが人生なんだ。この現実の人生を生きているお互いが、夢のようなかりそめな空想や独り決めの断定で解決がつくと思ったら大違い。現実の世界は、あくまでも現実の理解を実行に移さなきゃ。どんなに学問をしても経験を積んでも、こうした事柄を解決する方法や手段というものは、専門に何十年か生命をぶつけて研究した者でなきゃ、わかっていないのが事実であります。

世界にいる学者が説いている方法は“how to say”に重きを置いてあるのであります。人生の本当に念願し、求むるところのものは、もう一つ上じゃないか？　百万年理論を費やしても、現実の会得を教えてくれないものはなんにもなりません。我らの生きている生命が求めているものは“how to do”だ。

■六つの力を自己批判せよ

今日のこの集まりは、まだ天風会というものをご存じない、言い換えれば今晩初めてこの席に会員のお導きでおいでになった方々に、はっきり天風会のあり方とそれから天風会の教養の「心身統一法」というものの目的、同時に人生のどんな考証が組織の内容になってるかということを、はっきりわかっていただくための催しであります。

天風会で教えることごとくのすべては、生きがいのある人生に生きられる資格条件として一番必要な、この生命の内容の力を増やすのがその目的の全部だと。そこで私は、結論的にあなた方に、重複にわたる怖れがあるかもしれませんが、私としては、初めての方々にですよ、六つの力が自分で考えて本当に安心のできる程度あるかないかを、ひとつ今晩、寝際にとっくりと考えていただきたいんであります。

「我に頑健《がんけん》鉄のごとき体力ありや否や？」

「剛健、容易にものに動じない胆力があるかしら？」

「判断力は入念か？」

「断行力は颯爽《さっそう》としているか？」

「精力は絶倫《ぜつりん》か？」

「能力は優秀か？」と。

その場合に、どんな場合があっても自己批判に対して、身贔屓《みびいき》や痩《や》せ我慢や空威張りがあっちゃいけないんですよ。自己を批判する場合は、あくまでも秋霜烈日《しゅうそうれつじつ》であれ。かりそめにも手加減があっちゃいけない。

というのはなぜかと言うと、生きてるということは現実であります。切れば赤い血がピッと出るこの肉体を、意識的に感覚する瞬間瞬間を名付けて人生と言う。夢でもなければ幻でもない。さらば、夢でなく幻でない人生を考える場合は、今言ったとおり、痩せ我慢や屁理屈や身《み》贔屓《ぴいき》や手加減があってはいけないことはもちろんですな。他人事《ひとごと》じゃない、自分の生命の直接の問題です。

真剣にお考えなさいよ。いささかといえども、体力、胆力、判断力、断行力、精力、能力のこの六つの力の中にマイナスを感じる人は、明日からおいでになりゃいいわけだ。常識が豊かであれば、人生いかなる場合があろうとも、この六つの力の内容量が現実的に豊富でなきゃいけないぐらいのことは、多く言わずもがな、皆さんよくご承知であります。ご承知でありながら、人という人の数のみいたずらに多くして、この六つの力が完全に備わってる人が、なんと暁《あかつき》の星よりも少ないのはなぜかということを、一つ考えてほしいのであります。

結局、結論は簡単です。その必要を知りながら、現代人がこの力の現実の所有者でない人の多いのは、この六つの力が何か金でもごっそりできりゃできるように思ったり、さもなくんば、名誉か地位でも勝ち得りゃできるかのごとく、極めて皮相的な軽率な判断でそれを考えているということが、結局大きなエラーであり嘘であるために、現実のものを完全に知り得ずにいるのであります。

私なんかも、こういう尊いことを悟らせていただくまでは、お恥ずかしいが、やっぱりそういう考え方を大した間違いだとは思っていないという間違いを、平気で間違って生きてたものであります。

私も医学を研究した人間でありますだけに、どうしてもその病というものに対する処置の考え方は、医学的知識の外に出て気づかないので、情けないほど医学というものの殻の中に閉じこもって、そしてその医学という殻の中に閉じこもって考える考え方によって、それ以外には病を治す手段はないと考えた考え方に、間違いがないと思っていたのであります。これが大きな間違いだったということに気がつかないんですから。

と申し上げてもわからないくらい、素人諸君は病になったら医者にかかって、医者の処置でもって治す以外に方法がないじゃないかと、こう言うでしょ？　私も当然そう思ってたの。けど、それがそうでない証拠にすぐ私自身が気づいたのは、医学を研究していながら、自分の病をその医学的知識で治せなかったという現実は、自分の持ってるいわゆる医学というものの内容のあまりにも力弱さを感じないではいられないという事実だけがトータルに残るからです。

また、そういう難しい言い回しをしなくても、世にある事柄であなた方がすぐ悟れるはず。というのは、医学を私は中傷してるのでもなければ、悪口を言ってるのでもないんですよ。本当のことを本当だと言ってるだけなんで。もしも、医学が万病のことごとくを治し得る力があるとすればですよ、これだけ病院が増えて、これだけ医者の数が余計いて、そのうえに薬屋の数の多いことは、驚くなかれ、世界で我が日本が一番。

外国へ行ったことのない人は、どこにでもやっぱりこういう病院の数が多くあって、医者の数が多くいてからに、そして薬屋の数が多いと思っていらっしゃるでしょ？　どういたしまして、世界で一番日本が、薬屋の数と病院の数と医者の数は多いんだ。それじゃ、健康者もまた世界で一番多いかと思うと、あにはからんや、矛盾の事実は悲しむべし。そこに現実に存在してる病人の多いこと。これをいったい、どういう論理で正しく結論づけられますか？

これはまさに医学、万病に対してことごとくこれを快復せしめ得る力なきを、あまりにも証明して明瞭じゃないでしょうか。非常に言い回しが遠回しですから、インスタントばやりの現代人の理解にピタッとくるように、もっと率直、簡明に言っちまえば、医学の効き目が思うように頼りにならないことを、一番よく知ってるのは医者だと申し上げましょう。

医者それ自身と同時に、もう一つ知ってる人間がいる。それはなんだと言うと、医者の家族であります。他人に「おたくの旦那さんは、こういう病をお治しくださるでしょうか」と言えば、連れ添う女房として「いや、うちの亭主なんかそんなことできませんよ」とは言いませんよ。「まあ、おいであそばせ。一遍診てさしあげますから」ときますよ。それは、一つは収入の問題にも関係するから。

若いときの私の竹馬《ちくば》の友に、しまいには日本一の医者だとまで評判を上げた男がいたのであります。まだ今上天皇の侍医長になる前でして、私の今の本郷の家のちょうど真上に住んでたので、学生時代からの友だちで、奥さんとも非常に心安いんですがね。

もう相当名が売れ出してからのある日、

「ねぇ、天風先生、変なことを聞くようですけども、うちの主人を今度は天子様のお脈をとるお医者にという宮内省からのお話があって、何か日本で一番うちの主人が上手な医者だって評判だそうですけれども、本当にうちのはそんなに上手いんですか?」

と聞くからね、

「さあ、そういう答えをはっきり僕に言わせるのは少し残酷だよ。あんたはどう考える?」

と言ったら、

「私、うちの主人なんか、何が名医だと思うんですよ。だって、うちの子供や私の風邪引き一つ治せないんだから。自分の神経痛さえ、長い間治せずに困ってるんです。あんなの何が名人なんです?」

と言うんだな、ハハハッ。

「いや、そう言われると、俺もちょっと言う言葉ないがね。しかしあれ、偉いとこがあるで」

「そう? 長年連れ添ってるけど、私、あの男の偉いと思うとこはあまり認めないんですけど、どんなとこが偉いの?」と言うから、

「連れ添う女房でわからないはずはないだろう。たった一つ偉いとこがあるわ」

「何さ?」

「金儲けが上手じゃないか」

「それは認めてるわ、私。結婚以来、一遍もお金じゃ不自由させられてないから。だから私だって、辛抱してこうやって一緒にいるんじゃないの」とこう言うわけ。

しかし、一遍笑い話でその医者に、「おい、おまえ、うちの女房ぐらいには信用されろよ」と言ったら「ああ、嘆かわしいかな、預言者郷里に容れられず（すぐれた人物は故郷に受け入れられないことが多いというたとえ）」ってそっくり返りやがった。ハハッ。これは笑い話としてお聞かせしてるけれども、本当の医学の持つ力です。もっと詳しく言っちまえば、医学の持つ力が人間の期待を完全に満足させるほど、まだいわゆる理想通りの進歩をしていないがためなの。

千年、万年、経ったらば、あるいは万病ことごとく人間の研究した医学で治し得るときもきましょう。けど、たとえ世はいたずらに文化のクライマックスに達しているかのごときに見える今でも、その方面はまだまだまだ。それは昔の医学と現代の医学とを比較すれば、いわゆる外科的方面の手術の方法とか、あるいは結核的なばい菌性の病に対しての治療の方法手段は、十年前と今とは比較にならんほど進歩してますけれど、循環器障害や内臓臓器の障害に対してのほうの治療法は、今も昔も牛歩なお遅々として進まざることおびただしいのであります。

これを知ってるのは医者ですよ。だから一生懸命研究して、毎年医学大会を開いちゃ、その方面に関するところの自分たちの研究を話し合って、その進歩を一日も早くと努力してるんだ。もっとわかりやすく言えば、例えば循環器障害ですから脳溢血だとか血管の硬化だとか、内臓臓器の障害ですから心臓だとか肝臓だとか腎臓だとか膵臓だとか脾臓だとかというような方面の、要するに体の中にある五臓六腑のほうの障害に対しては、治す治さんは今も昔も同じこと。完治させられないほうが多いんであります。

これだけ医学が進んでるんですから、せめては胃がんや胃潰瘍のようなものが、人間の世界からなくなってほしいことは誰でも念願としてましょうが、やがて医科学方面の研究の進歩が現実化すれば、千年、二千年の後の人類の社会には、がんというものはなくなるでしょうけれど、今まだいけませんわ。なくそうがための努力はしてることは確かでありますが。努力をしてるということは、その目的をまだ達していないということなんですから。

■人生に対する正しい理解

だがしかし、今でこそこういうことを私がはっきり言い得る研究はしましたものの、私が病になった当時はですよ、全然そんなことは考えてませんから。私が医者の学問をしたのは、自分の病を自分で治そうがために研究したんですから。それが一向に自分の会得した医学的知識じゃ、私の病は治せなかった。それは、はじめ治ると思ったよ。

そしてまた、今から考えてみりゃ、おかしなことをまじめに考えちゃうんだ。金でもうんとこしらえて、その金の力でもって思いっ切り体のためになる薬を飲んだり、注射したり、そしてまた体の栄養、滋養になる食い物を、お金の力でうんと食ったら丈夫になるだろう。今どきの子供でも考えないようなことを、その時分の私は考えていたんですから。時代の進歩とはいえ、いわゆるこういうのが文字通り「笑えない滑稽」って言うんでしょうなぁ。

それがために、虚しく私は病にかかって八カ年、そしてこういう人生に悟りを開くまで十数年かかったんであります

ですから、はっきり最初に申し上げときますよ。体力、胆力、判断力、断行力、精力、能力という、人生を本当に生きがいあるものにするのに必要な条件っていうものは、よろしいか、金の力や、あるいは名誉や地位の力や、あるいは物質の力じゃ、どうしてもできっこないんであります。また、それでできるとしたら、貧乏人にはこういう力がないはずだが、皮肉なるかな皮肉なるかな——。

ついこの間の老人の日、東京の一番長命な奴はどこにいると探したら、下谷の金杉の裏町にルンペンのおじさんで百三歳。ニュースを取りに行ったジャーナリストがあきれ返ったそうだ。コンクリートの上にアンペラ（むしろ）引いてる上に、これが一年三百六十五日の俺の住

み家だと。

「夜もおじさん、ここに寝るのかい？」

「ここへ寝るよ、ほかに行くとこねえじゃねぇの」

共同便所の脇のゴミ捨て小屋の脇の、半坪ばかりのコンクリートの上に薄っぺらなアンペラを引いただけなの。

「夜具も布団もねえけども」って、

「夜具や布団があってたまるかい、俺たちみたいな人間に」

「おじさん、風邪引かないのかい？」って、

「夜具や布団を着るから風邪引くんだよ。俺はこのまま寝るよ」

「ふぇー。食い物はどんなものを食ってるの？」

「食い物は、おめえたちが食えるようなものは食ってやしねぇ」

「どんなもの食ってるんだよ」と言ったら、

「さぁ、たいていオカラかな。さもなきゃあれだ、八百屋で捨てるような菜っ葉のくずや、ゴボウやイモの切れっ端を食ってるだけだよ」

「米の飯は？」

「そんな贅沢なもの食えるかい。第一、米の飯食うと患う、俺たちは」

「ええっ？　ほんとかよ」
「そうだよ。米の飯食うっていうと、すぐ腹具合を悪くするんでもって、たとえ炊きたての飯を持ってきても、飯だけなら断るから。どうしても受け取らしたかったら、銭をつけてくれ。銭だけもらって米のほうは返してもいい。返すのがいけねえって言うんなら、それは他の奴にやるから」ってこう言ったわけよ。

医学的から言ったら、カロリーやビタミンもカルシウムも、もちろんホルモンも足らない貧弱なものを食ってて、しかも、ぶち殺しても死なないような強さを持ってたと言うんですから。耳が少し遠いそうです。けど、目は確かで、歯は両方ともみんな上下ないんだそうです。入れ歯はもちろん入れやしません。入れ歯入れるぐらいの金がありゃ、食い物のほうに変えちまうで。土手（歯ぐき）でかじってるんだね。それでも、土手がもう硬くコンクリートみたいになっちゃってるんでしょ、長い間の慣れでねぇ。ほいで、ニュースを取りに行ったジャーナリストに私は、「弱ってる？」「あぁ、あの爺《じじい》、下手すると百十ぐらいまで平気で生きますよ」って言うんだ。

これに引きかえて、金にあかせて養生だ、栄養だ、そしてしょっちゅう有名な医者を二人、三人、まるでおそば付きの医者みたいに使ってる金持ちが、しょっちゅう肩が痛いの、頭が痛いの、目が回るの、やれどこが痛いのここが突っ張ってるのって、一日一分といえど「ああ、今日はどこもどうもない」というような日日《にちにち》を送ってる奴が極めて少ないのは何ゆえぞ、ということを考えませんか？

結局、この六つの力は、なんとしても金や地位や名誉や物質じゃできない証拠なの。それができりゃ、私も何も毎晩この年になるまでこういうとこへ立って講演なんかしないでもって、要領よく大きな病院で、もうこのぐらいの年になったら自分で診察しませんよ。弟子の医学博士に診察させといて、手に余る奴だけはとにかく容態だけを診といて「これは、こういうふうにしたらいいだろう」「これにはもう少しこういう薬を混ぜたらよかろう」ぐらいのことを言ってね。熱海か別府にでも行って、のんきに毎日をぶらぶら生きてますよ。

しかしそれじゃ、人類が救えないから、やむにやまれず今もってこういうことを、しかもありがたく楽しく尊くさせていただいてます。私は大正八年にこれを始めたんです。そのときは私も若かった。今から四十三年前、「水もしたたる」とは言わないけれども、芳紀《ほうき》まさに四十三歳のとき。あったんですよ、そういうこと。

四十三で始めるときに、私はこう思ったの。どんどん目まぐるしいほどの進歩をもって文化が進みつつあるこの現代は、やがて二十年も経つと、人々が人生に対する常識を、今私が持ってるようなこの程度までは必ず一様に申し合わせたように、持つときが来るに違いないと。で、六十になったら、それじゃみんなそういうことを知ってる時代が来るんだから、そうなったらまたほかのことで人の世のために尽くそうと。

つまり、「心身統一法」と言ったたって、「ああ、それ知ってる」っていう奴が多かったら、言う張り合いもなきゃ、第一来やしませんからね、誰も。時はまたたく間に経って、早くも昭和の十年。ちょうど始めて二十年目、昭和の十年頃はどうだっていうと、始めた大正八年よりもっと変てこな奴が増えちゃった。変てこな奴というのは、結局、人生に対して正しい理解を持たない奴。

人生が何やら、生きてるのがどういうわけで生きてるのやら、人間の生命の中にいかなる"Reserved Power（潜在勢力）"があるのやら知らずに、ぽぉーっと空気の圧迫で生きてる奴がだんだん数が多くなっちゃったんで、「少し違うぞこれは。六十になったら俺はほかの仕事をしなきゃならないことになるかと思ったら、どういたしまして、ますますもってからに、この方面に対し努力をせざるべからず」と、こう感じてね。

せめてもう十年と思って昭和の二十年になったら、なんと予期もせざりし、日本の大きな百八十度でのコンバージョン（conversion）、ガタン、ピシャーンというんで日本はひっくり返っちゃったんだ。そうしたら同時に、その国に住む日本人――あなた方のことを言ってるんだぜ――終戦前の日本人と全然打って変わったような人間が、一夜にしてできたと言っても言いすぎでないほど。

世界でも大義名分を重んずる国民、これより以上の国民はなかろうとまで言われた日本国民が、あろうことかあるまいことか、世界でも一番みっともねえ国民になっちまったというような状態になっちゃったんであります。言いたかないよ、日本人が日本人同士のことをね。

二人でいるとき、一つしかないもんだったら二つに分ける。一つのものを四人の人間に行き渡らせるように四つに分けるぐらいの心持ちを持ってた日本人が、どうです今は。親子の間で責め合い、兄弟の間でもって争い合い、師弟の間も主従の間もありゃしない。己《おのれ》一人あるだけの人生というような考え方でもって、道義も廃《すた》れていれば、人類愛もほとんど枯れきってるような状態になってる。

あの昭和二十年の終戦直後の有り様を見たときに、私は、すべての私の計算が裏切られたことに直感的な大きな自覚を促されて、「これは一生、たとえ幾つまで生きようと、息の止まるその刹那まで、現代の人の魂にもっと本当に焼きを入れずんばあるべからず」とこう考えて、もう何十年経ったらなんて、そんな当てにならん望みは捨てたのであります。

そうして始めて以来四十三年、空には人間のこしらえた衛星が飛んでる、どんな草深き田舎に行ってもテレビがある、電気洗濯機があるというような文化の時代でありながら、人間というものはどうだと言うと、その文化の実際的設備に反比例したような、人に生まれながら人としての本当の生き方も知らずして、その結果、やれ病だの、やれ運命だのと、かりそめならず生きてる生物の中の一番の霊長たる人間ともあるものが、一番生きがいのない状態で生きてる人の多いのが、現在この目に映る姿、なんとしても私はやむにやまれない。

ですから、こうやって一晩も休まず、次から次へとこの尊いお仕事をして歩くことももちろん、それは自分の責任ですから。この決心牢固として、私の心の中には抜くべからざるものになり得たのも、世相の実際がそうさせたからなのですから。

しかも、今言ったような驚くべき文化の時代でありながら、なおかつ人生を考えない人が多いから、それは。その人生を完全に生きがいのあるものにする、必要な根本条件とも言うべき六つの力を、どうすりゃつくれるということを知らずして生きてる人が、事実において多い。その人たちに明日から、簡単明瞭にこういう正しい自覚を根本として、こういう方法を行ないさえすりゃ、ぐんぐん力が増えてくるよ、ということをお教えしようとしてるのであります。

ですから、そうかと思ってそれじゃ、どうしても現在のマイナスの生命の状態をプラスのものにしなきゃいけないと思う人、それはもう万障繰り合わせていらっしゃい。しかし今夜寝がけに考えてね、「まあいいや、このぐらいで。あまりよくなっても近所隣にもすまねえし。今でさえ少し飯食いすぎるって怒られるんだから、これ以上また丈夫になっておん出されてもつまんねえから」と思うような、妙な気持ちを持つんなら来ないほうがいい。お寒い晩でもありますからね。

たとえ何が何あろうとも一遍生まれて一遍死んじまえば、二度と生まれてこられない人生に今日生きてる以上、たとえ明日死ぬとせよ、「ああ、本当に生きがいのある」という人生を味わって死なずんばあるべからず。

それじゃ、今のこの体の力じゃだめだと。この心の力じゃだめだと。生命の内容に存在する一切のマイナスをプラスにしようという気持ちのある方だけ、二度繰り返す、一切の万障をなげうって明日の晩からいらっしゃい。たった四日だもの、あと。さすれば、私のこれまでの人生体験を結晶した心身統一法を、惜しげもなくお教えして、本当の幸福の人生に生きられる幸いをお分かちしましょう。

さあ、右にする左にするは、今夜寝がけにあなた方の心とあなた方が対決してからの結果だ。そうして、行かずんばあるべからずという気持ちを出した人こそ、まことに尊いかな、階級の高い人生理念に目覚められた方でありますから、その人々を喜んで私、お導きしましょう。

■潜在勢力の煥発《かんぱつ》

心身統一法の結論的な目的は、潜在勢力を煥発して、ここに書いた六つの力を完全に生命の表面に発現せしめようとするのが、終始一貫した目的なのであります。

「潜在勢力」、英語で言うと“Reserved Power”。ところが、この潜在勢力という言葉すら初めて聞いたというような人が、現代には相当多いんじゃないんでしょうか？　自分が生まれながら自分の生命の中に、それが男であれ女であれ、老人であれ青年であれ、皆平均して万物の霊長たる資格を発揮するために、生まれたとき既にこの潜在勢力（Reserved Power）というものは、生命の中に与えられてあるのでありますけれども、残念ながら現代の物質文化に生きる人々の多くは、その力の存在すらをも全然考えないというよりは、むしろ知らない人のほうが多いんであります。せいぜいまぁ、全体生命の三割を使ってるのが普通人でしょうなあ。よっぽど一生懸命使ってる人で、四割内外。五割まで使う人は滅多にないんです。

だから、この文化の現代に、やたらと不健康者や不運命者が増加してるのは、それが原因なのであります。しかし、今も言ったとおり、この潜在勢力というのは、お互いが万物の霊長たる真価を発現するシンボル、いわゆるこれが象徴なんですから、したがって、出す出し方さえ知っていりゃ、極めて容易に簡単に出てくるのであります。

ところが、出し方を知らないために、憐れ宝の持ち腐れ。一生こういう力を与えられているのも知らずして、一生を終わってる方が随分この世の中に多くはないでしょうか？　しかし、ここで真剣に考えていただきたいのは、人間っていうものは、一遍生まれて一遍死んだら、二度出てこられないんだよ。

するとこれ今生《こんじょう》の現在刹那の人生は、まことに何ものにも代えがたい貴重なものでしょう。である以上は、でき得るだけ自分の人生を、運命的にも健康的にも完全な状態で生かさなきゃ嘘であります。しかも、それが難しいことかというと、かえって不健康で不運命で生きるほうが難しいんだ。

やがて明日から、科学性の合理的な方法をあなた方が教わってやり出すと、事実が最後の証明者ですから、すぐおわかりになるの。こんなにもやさしく健康になれ、こんなにも簡単に運命というものを挽回することができるものかというふうに、必ず思いあたられる事実が、あなた方に一切を証拠立てましょう。

ですからね、人生はどこまで行っても現実の世界ですから、やせ我慢や空威張りでは解決しないのであります。現実の世界は、あくまでも現実の理解を現実に実行してのみ、それは解決がつけられるんですから。今ここに書いた六つの力の一つでも、まだもう少し欲しいと思われる方は、遠慮なく明日からいらっしゃいませ。

エマーソンという哲学者が言った言葉に「人間の一生の運不運というものは、その人の一生に会った人によって定まる」と言っている。それぞれ違った動機やご因縁で、この席においでになったのではありましょうけれども、来られたという事実はもう一つでありますから、この来られたチャンス、おそらくはそういう方法を教えてくれると思わず来られた人は、いわゆるハプニングであります。

しかし、来られたというこの事実を善用せられて、自分の生命を本当に生きがいのある状態に生かすことは、自分が人間に生まれた、こりゃ当然の義務でしょう。ですから、再び繰り返して申し上げる。ご自分自身、ここに書いた六つの力が完全か完全でないかを厳格に批判せられて、少しでも足らなかったと思ったら、明日からいらっしゃいませ。

第二章

生きがいについて

「晴れてよし　くもりてもよし　富士の山」

■なぜ幸福に生きられないのか

多くの場合、人々の常識は、人間というものは幸福を求めることがその生涯の人生念願であると、こういうふうに考えてる考え方を、少しも間違っていないように考えてるというのが百人が百人、千人が千人でしょう。それは日本人ばかりじゃない。人としてこの世に生きてる者が、彼らが勉強するのも努力するのも、結局は、自己の人生をできるだけ幸福にあらしめたいための念願だと、こういうふうにもちろん誰でもが思ってやってるらしいのですが。

ここに私が、私自身の哲学のうえから、そう思う考え方よりももっと一段優れた考え方を人生に持って生きるほうが、本当の恵まれた人生に生き得る秘訣だということをお話ししてみたいと。もちろん私も、こういう方面の研究をしなかった当時は、おおむね多くの人が共通的に持っている幸福に対する考え方と同じだった。人間というのは結局、幸福を求めることを生涯の念願として生きてるものだと。

しかし、だんだんとこの人生というものを研究していくにつれて、こういうことを私は、特にインド哲学を研究してから気がついた。それは何かというと、人間というものは万物の霊長であるだけにそれだけに、生まれながらに健康であり得るようにできてるんだと、このことです。

ところが、真理は厳粛にそう結論されているにかかわらず、さて事実はというと、この人生に生きてる人という人の多くが、本当に健康に生きてる人は極めて数が少ない。これはどういうわけだろう。どういうわけだろうということを考える前に、結局、幸福に生きてる人が少ないから「幸福を、幸福を」と念願する気持ちが、人々の人生に求める心の中に発動してるんだと言い得るので。これを、ほかのことで考えてみればすぐわかるんですな。

例えば、このごろの世界の民族意識のスローガンは「平和」であります。どこの国の人でも「平和、平和」と。この平和というのは、結局、平和でない現在情勢下に各国共にあるがために、結局、かくある時代を経過させたくないという念願から「平和、平和」と、その声が民族意識のスローガンになった、否、なってると言っていい。もう世の中がすっかり理想どおりの平和になっちまえば、誰も「平和」ということを口にする者はいなくなるんであります。

幸福もまたしかり。「幸福になりたい、幸福になりたい」というのは、幸福でない者が言ってることなんで、本当に幸福になってる者はもうそこに安住してるんですから、それより以上のものを求める気持ちは出ない。だから会う人ごとに幸福を念願してるという心の状態がうかがわれるのは、結局、幸福に生きてる人が極めて少ないからだということが考えられると同時に、もう一つ、また一歩進んだ高いところからの考え方によると、今私の言ったとおり、人間というのは生まれながら幸福であり得るようにできているんだということが、結局でき得ることだから、人々はそう考えてるに違いない。

どんなことをしても幸福になれないという、幸福というものが絶対的に人生にどんな努力をしても、どんな工夫をしても、与えられぬものだとしたらば、誰も「幸福」ということを口にする者さえなかろう。

例えば、このごろ流行《はや》る百万円、二百万円、四百万円の富くじだってそうでしょ？　誰か当たる者があるから、俺も当たるだろうと思って買うんで、誰が買ったって誰も当たらないと思ったら、誰も買いやしねえ。

ただ、当たる者の数が少なく、当たらない者の数が多いということがより一層射幸心《しゃこうしん》というものを駆り立てるんだろう。「誰でもが買った、みんな当たった」としたらば、ああいうものに対する射幸心というものは、射幸心でなくなるんであります。幸福がこれと同様のデフィニション（定義）で考えられると、私は思う。

そこでさっきの、なぜ人々は、得能《えあと》うはずの幸福を念願しながら、得能《えあた》わざる人のほうが多く、我がものとして生きているという恵まれた人の少ないのはどういうわけかと言うと、それはこういうわけだ。人々の多くの生き方が、幸福を得られる正しい生き方をしてないからだということに結論されるのであります。

だから、これを逆にひっくり返して考えると、人間が人間の生きる真理に即した生き方をしていりゃ、何も非常にそんなに一生懸命に求めなくても、自然と幸福な人生が与えられるようにできてるというのが、これが本当の人生に与えられた動かすべからざる、私は約束だと思う。それが結局、要するに人生を幸福に生かす基礎的条件というものなの。

ところが、これが普通のただ平面的な論理思索で考えていったらば、なかなかここまで考えられないんです。いったいこの論理思索に、いつも我々が自分で考えてることの善し悪しがわからないでもって、ただ論理思索の向くがままに物事を考えるというと、どうしても結局落ち着くところは、自分が承認し得る理論だけで、それ以外のものを取り入れないという非常に遺憾な結果が来るものなの。

■本心の煥発

いつも私は、「本心の煥発」ということを非常にやかましく言ってるでしょ？　本心が煥発しないと、ものそのものの真理というものを、立体的に深さを深めて考えるという考え方が行なわれないという事実が生じてくるものなの。本然《ほんぜん》として目覚めたとか、廓然《かくぜん》として大悟《たいご》したというのは、結局、あれは本心の出た刹那《せつな》のことを言うんです。

したがって、人生に対する特に論理思索のごときは、この本心の煥発ということがまずその根底に決定されないと、どんなやさしい人生問題でも解決はされないんです。これはしばしば私が言ってるとおり、人間の本心が煥発されると、その刹那、宗教家の言う言葉を借りて言えば、宇宙を造った造り主である神の命の中にある無限で普遍の、そして建設的で創造の働きを行なう力というものが、人間の生命の中に入ってきて、そしてそういう力と不可分の結合が我々の命にできる。すると、仏教で言う「一切知《いっさいち》」というあの絶対的な知恵が、我々の心の中に入ってくる。

そうすると、あらゆる真理を極めて、たやすく考え出すことができるということになるんであります。これは、私はいろんな学問を研究していながらも、一向に人生を悟り得ず、最後にインド哲学によって、今申し上げたようなことをわからせてもらって「なるほどな」と、実際深く感じたわけだが。

だから、人生を幸福に生かす基礎的条件というようなものもだ、本心を出して考えりゃ、今言ったように、人間は誰でも幸福に生きられるようにできてるんだと。幸福に生きようとするのには、人生に絡《から》まる真理というものをそのままそれに順応して生きりゃいいんだというような、偉大な事実をすぐ悟れるんですが、さあ、おおむね多くの場合、遺憾ながら人々の多くは、ものを考えるときにいつでも理性の方面からのみ考えることが少しも間違っていないというような気持ちで考えるために、またそういう考え方をするのが当然だというふうに我々は教育を受けているために、どうしても、ものそのものの上っ面に存在する相対現象だけが研究の対象になるから、深さが深められない。

だから本当の真理というものを、もう少し深めて考えりゃわかる場合でも、そこまで到達しないで、その考えを上滑りさせてしまう。だから、この人生に対する根本的に重大な消息をも、多くの人が捉え得ないもんですから、ただいたずらに「幸福になりたい、幸福になりたい」と、なりたい念願だけでもって、いわゆるアプリケーション（出願）だけでもって、少しもそれを現実に自分のものにしていないという人が多いのであります。

我々の魂というものは、学問をしようがしまいが、そんなことは別問題。人生への真理というものをことごとくよく知ってるんですよ。本心を煥発するということは、その知ってる魂から一切を心へと引き出すということと同じことになる。

ところが、魂が一切知、いわゆる神の無限知と相通じてるということはたいてい普通の場合、特にこの科学教育を受けてる人には、これは考えられない。考えられないというよりも、むしろ考えようともしやしない。

だから、いつも自分がただ理性だけで考えて、その理性の考えたことで幸福を我がものにしようとするから、これはむしろ努力むなしく、九仞《きゅうじん》の功を一簣《いっき》に虧《か》く（長い間の努力も終わり際のわずかな失敗一つで完成しないの意）の憾《うら》みがしばしば出てくる。あの『青い鳥』の詩で誰でもが知ってるメーテルリンクという人が言った言葉の中にこういうのがありましたね。「本当の幸福というものは、自分の外にあるものじゃないんだぞ」と。「自己人生の中にちゃんと存在してるもんだ」と。それを本当につかまえた者が、真の幸福になれるんだと、こう言っています。

この言葉を静かに考えてみると、私が今まで言ったことが「なるほど、そうだ」とすぐ諸君は頷《うなず》けるだろうと思う。もちろん多く言うまでもなく、私の説いてるこの心身統一法という方法は、極言すればこの本心を煥発せしめることが、その主眼になってる方法だとも言える。病の者が、しかも医者に見捨てられたような重い病の者でも、まったく驚くような快復をして、運命のごときも阻《はば》まれて恵まれない人がどんどん南風吹きそよぐような満ち足りを感じるようになるのは、煎じ詰めれば、心身統一法という方法の行なわれた結論の、本心の煥発という大事なことを現実化した結果であります。だから、この点は私は、特に新しい人にお勧めしたい。

あなた方も今までいろいろな宗教や修養法においでになったろう。しかし、おいでになって、その立派な教義や教えにあなた方は本当に救われているかいないか。

もちろん、説いてる教義はみんな立派なもんです。けれどそれは立派だというだけでもって、本当にあなた方をその教義の尊い力の中に包み込んでいるかいないか。包み込まれれば必ず救われたものになりますけれども、どうもおおむね多くの場合、救われたような気持ちは感じる場合があるかもしれないけど、本当に救われたという喜びを感じている人は少ないんじゃないでしょうか。

これはあなた方がご自身で考えてみるのが一番いい。もっと本当に救われていたら、何もほかに道を求める必要はないはずですからな。いいえ、ほかに道を求めるとか求めないということは第二にして、あれもやり、これもやってみたがどうも思うような運命が来ない。健康も思うように立て直しができないと。挙げ句に幸福を請い願いながら幸福になれないというふうに考えてる人は、結局まだ救われていない証拠だ。

ですから、人生というものは痩《や》せ我慢や屁理屈《へりくつ》や、独り決めの贔屓目《ひいきめ》で考えちゃいけないんであります。現在の自分の人生がこれでいいという人は、そうたくさんもいないだろうけれども、いるんならその人はもう私の話なんて聞かなくたっていい人なんだ。まだこれじゃダメだと。傍《はた》から見て幸福そうに見えるかもしれないけど、自分自身は少しも恵まれた幸福に安住しているとは思えないと。これがたとえ健康的にでも運命的にでも、どっちでもいいんですよ。そういう人はとにかく、やがてまた講習会が開かれますから、そのときはどうぞおいでになって、とっくりと五日間、私の言うことを聞いてください。そうすると必ず「ああ、そうか。そこまで深さを深めて人間を考えたことは一遍もない」と、きっと感じられるに違いない。

そして同時に、この五日間をきっとあなた方は自分の人生の一大転機として、歓喜と光明の世界に幸福に生まれ変わらさせてもらう、第二の誕生期が与えられたと感謝することになるということを、決して私は自惚《うぬぼ》れでなく確信を持って断言しておきたいのであります。

原因と結果とは、常に相等しき一線の上にある

もっともそういったことに対してお疑いがあったら、あなた方の右に左にいる、私の教えによって正しい人生に生きてる先輩がいくらもいますから、その人々にはたして私の言葉を信じていいか悪いかということを質《ただ》すがいいと思う。

よく考えてください。人生、生まれてこの世に人として生きていく刹那刹那、生きがいのない人生に生きるとなると、よしんば仮に何百年この世に生きていても、死んでるのと同様だと言えましょう。いや、死んでるよりまだ始末が悪いわ。死んでる人間は、あまり人に迷惑はかけない。生きてるばっかりにいろんな迷惑をかける。

これに反して生きがいのある人生に生きてる人は、仮に現象界にいる時間がよしや短くとも、真実の生命の喜び、いわゆる生きてるうれしさというものを味わえるんだから、精神的方

面から言えば、極めて有意義な長生きをしてる人だと言えるでしょう。そこなんですよ。孔子が二千年のその昔、「朝《あした》に道を聞かば夕べに死すとも可《か》なり」と言ったのはね。

だからいずれにしても、こうした見地から厳《おごそ》かに人生を考えるとき、正しい順序と正しい方法を自分の人生を生かすうえに知って、そして生きていかなきゃ。病になったり、運命が悪いというのは、結局、要するに人間でありながら人間としての生き方に対する順序も方法も知らずに生きてるという、大きな粗忽《そこつ》があるからですよ。これは、私がしょっちゅう講習会で、こういう無準備な、無反省な生き方をしてる人のことを「空気の圧迫でついでに生きてる人だ」と悪口を言ってるんですが。

人間、この世に患《わずら》いに来たとか、不運になりに来たのならばともかくも、そうじゃないんですもん。人間というものは、もっと大きな仕事をしに来た。何遍も言うようですけど、人生というものは負け惜しみや屁理屈じゃ解決がつかない。生きてることは現実なんです。だから、現実の人生を良くするも悪くするも、それは自分の義務にあるんだから。

また、一面から考えりゃ、良くし、悪くするということに対する自分の権利も与えられた。ちょっと難しい言葉ですが、こういう言葉を、あなた方は深く考えてみていただきたい。「原因と結果とは、常に相等しき一線の上にある」という、これはちょっと難しいんですがね、インド哲学の論ずるとこの宇宙真理なんです。

もう一遍言いますよ。原因と結果とは、常に相等しき一線の上にある。これは難しいけれども、人生はこの原則の示すとおりで、生き方一つがその人の人生を幸福にもすりゃ不幸にもする。「世の中が悪いから幸福が来ない」とか、「世間が幸福になれないような人で埋まってるから自然、俺もそのとばっちりを食ってるんだ」というようなことを言ってたら、もうそれは甚《はなは》だお気の毒だが、時代遅れの極めて低級な人生思想を持ってる人だと言わなきゃなりません。

ですから、どうかこういう言葉の中に、少なくともあなた方は考えさせられるものをお備えになったと信じますから、「なるほど、これは何かこの教えの中には奥深いものがあるぞ」とこうお感じになったら、次の講習会においでを願いたいんであります。何もそこにいいもののない、尊い現実収穫のない会がそう長く続くはずがない。天風会は優に三十年以上、なんの広告もしなきゃ宣伝もしないでこうして続いている事実をなんと考えられるかということも、この方法の批判の対象にしてほしいのであります。

つまり結論は簡単です。人生の生きる生き方を知って生きるが本当か嘘か。どんなに設計巧妙にされてる速力の優秀な機関車でも、レールがなきゃ走らない。万物の霊長たる人間が「俺は万物の霊長だ！」と言ったって、生きる生き方を全然考えられなきゃ、レールの外でもってレールの上で出せる能力を出そうとする無謀な計画と同じことになります。ということもしっかり考えていただいて。

まあ、とにかく人間というものは――現在病んでる、あるいは不運な人に特に私は声高く言いたい――幸せに生きられるんですよ、幸福にね。そういうふうにできてるんだから！　だから幸福に生きるほうが、どうせ人生五十年、一回は死ぬんだ。ね？　どうせ一回は死ぬんだと考えたら、二度とこの世の中へ出てこられないということを考えたならば、幸福に生きましょう。生きられる方法を知ってる者が、その生きられる方法を教えてあげる集まりなんだから。

ただあなた方が来て、一生懸命に聞いて実行しさえすれば、「ああ、こんなにも幸せになれたか」と感謝せずにはいられない事実が来るんですから。もうくどくは申し上げません。これより以上のことは、あなたの厳正なる判断と、その判断を助けるために、この会におられる先輩たちにいろいろと聞かれる言葉を、あなた方の考えの中に組み入れられることを願います。

それでは講習会でお待ちしております。

■苦悩の中に人生の幸福がある

さて今日、私の言いたいと思う言葉は、かりそめにも真理に順応して完全な人生に生きようとする我々は、どんな場合にもですよ、人生の幸福というものを安易な世界に求めてはいけないということ。言い換えれば、無事平穏を幸福の目標としないこと。

だからしたがって、苦悩を嫌い、それから逃れたところに幸福があると思っては断然いけない。というのは、そういうところに本当の幸福というものは絶対ないからなの。

それを、ややもするとそう考えないで、「健康なら幸福だろう」とか「運命がよきゃ幸福だろう」と、こういうふうに考えるのは、いわゆる小成《しょうせい》に安《やす》んじようとする凡人の気持ちと言うべきなんだ。したがって、我々天風会員の断じてこれは取るべきところじゃないのです。なぜと言うと、本当の幸福というものは、健康や運命の中にある苦悩というものを乗り越えて、それを突き抜けたところにあるんだ。

第一、考えてみりゃすぐわかることだが、厳密に言えば、およそ苦悩から離れた人生というものは断じてあり得るものじゃないのです。苦悩というものは、いわば人生に付いてるものなんだ。どんな身分になろうが、苦悩のない人生というものを味わうことはできない。だから、それを嫌い、それから逃れて幸福を得ようとしても、そこにないんだから得られるはずはない。

本当の幸福というものはね、なんぞ図らん、凡人の多くが忌み嫌う苦悩というものの中にある。すなわちその苦悩を、わかりやすく言えば、むしろ楽しみに振りかえるというところにある。

もっとも普通の人は、苦悩を楽しみに振りかえるなどと言うと、「そりゃとてもたやすくできるもんじゃない」と言うでしょう。しかしです、我々は「観念要素の更改法」というのを知ってる。したがって、苦悩を楽しみに振りかえるということをさして難しいこととは思いませんわ。

それは、苦悩を楽しみに振りかえるというのは、健康や運命の中に存在する苦悩を乗り越えて、突き抜ける強さを心に持たせることだということを知っているから。しかも、その頼もしい心を、自己の意志でつくる方法を我々は知ってるんだ。それは例えば、あの夏の暑い耐えられない日盛りに、涼しい風を自分でつくって楽しむ心構えと同様なんですから。

だから常に、怠りなくお互いは「観念要素の更改法」を励行して、どんな場合にも自分の心の中にすばらしい幸福感を持てる人間になることを心がけなきゃいけない。そうすりゃ、苦悩の世界にいて、しかも苦悩を感じない人間で生きられるという本当の幸福を味わえるからだ。そうなると、何も苦悩を克服する困難な努力をしないでも、常に運命的にもまた健康的にも、断然なんとも言えない荘厳に、雄大に人生に生きられる、いわゆる自己人生の勝利者となれる。

「晴れてよし　曇りてもよし　富士の山」というのは、結局そういう気持ちを言うんですよ。

だから、今日の私の言葉にあるとおりの人間になるのが、我々天風会員の人生理想であると同時に、そうなるのが格別困難でない方法を、既に講習会で諸君は会得しているのだから、大いにたゆまず、飽きず、尊さに慣れないで、毎日毎日、「今日教わった」という気持ちで、真剣に純真な気持ちでこれを実行しましょう。そうすれば、どんな場合があっても、今も言ったとおり、すばらしい幸福感で人生に生きられる、恵まれた人間になれるから。よろしいか？

さあ、そこで、最後に今日の言葉の誦句を言う。

「そも人生の真の幸福は、あらゆる苦悩を苦悩とせざる心の中に存在する。而《しこう》して、この信念こそ人をして最も価値ある生きがいを感ぜせしめる、ただ一つの要訣《ようけつ》である」。

■積極的思考について

光が照らされれば闇は消える。夜の暗いときに明かりをつけりゃ、その闇を防げる。同じことだ。だから、第一に我々はそのとき、その消極的な思考の発生してきたことに、いたずらに悶《もだ》えることをしないで、言い換えると、断然そんなことに関わり合いをつけない。そして、反対にただ一心に積極的思考のみを心の中に持ち込む努力をするんだ。ね？　きのう怒ってたら、反対のことを考えりゃいいだけだ。ね？　気が落っこちてたら、反対のことを考えた、いわゆる消極的に対する反対はいだけだもの。ね？　そうすると、その反対のことを考えりゃいい積極的だから、積極的なことを考えただけで、その心の中に燦然《さんぜん》たる光――闇を消す明かりだな――が出てくる。

こう言うと、「大変それは立派な教えで、まさに確かにそうなんだけど、この前そういうようなお話を承《うけたまわ》ったときに、一生懸命それをやってみようと思ったんだけども、思う気持ちだけがいたずらに盛んに燃えてて、ひょいっと気がつくと、やっぱり相変わらず心が消極的で困るんです」と。

これはね、修練会でやった人はよく知ってることなんだけど、修練会をやらない人はわかるまいと思うんだが、それは人生に生きるときね、こういうことを忘れちゃってるんですよ。「現象の背後に必ず実在がある」という真理を忘れちゃってるからなの。これちょっと、初めての人の耳には不思議に聞こえるかもしれないけど、これはこういうわけなんだ。

目に見える現象の世界は、目に見えない一つの大きなエネルギーがこれをつくったんだと。そのエネルギー、それが実在だ。普段講習会で言ってる「ブリル（vril）」ね、それなんですよ。哲学のほうで言う「自然」「造物主」、宗教で言う「神」「仏」、インド哲学はこれを「宇《う》宙《ちゅう》霊《れい》」と言ってるがね。要するに造物主、宇宙霊、いわゆる神というものは、あらゆるものを完全な姿であらしめようとする尊いもの。これは、誰でも知ってることだ。特に人間はこの尊い造物主から与えられた生きる力を、もっとも多量に命の中に持ってるんだから。

だから、こういう点から考えてみるとだ、人間は当然、本来的には完全であるようにできてるということが考えられるでしょ？　第一、これは「我とはなんぞや」という研修科のときに話しておいたんだが、人間の本当の正体は身体でもなきゃ心でもない。霊魂という一つの気体だと。この気体が結局、すべての生命を動かしている原動力になってるんだと。ちょうど見えない電気が闇を照らし、汽車、電車を動かすのと同じように。この気というものはなんの気であろうと不滅不朽、なくならないもの。つまり哲学的に言えば、絶対に完全なもの。

そこでだ、この絶対に完全な霊魂という気はどんな場合にも不完全なものや不完全のことを感じるはずないんですから。だから、今自分の心の中に感じてる、思ってる消極的な心持ちは、これは本当の自分が考えてるんじゃないと、こういうふうに否定しちまえばいいんだよ。

これをインド哲学では、「悪魔が尊い心の宮殿に踏み込んできたのと同じだ」と、こう言ってる。ね？　だから、今言ったとおり、どこまでも人間のこの生命の背後には純一無雑な、一切のものを完全に造り上げようとする宇宙霊、いわゆるブリルという実在があるんだという真理を考えると、そう考えただけで、その考え方を間違いなく続けていけば、たとえ一時的に心の中に闇をつくる消極的な気持ちがふーっと出ても、ちょうど時間の短い停電と同様、たちまち光の輝く積極的な思考がそれに代わる。輝き出すと言おうか、そうなるようにできてる。

ただ感覚してる世界だけを考えて生きてるからいけない。感覚しない世界、すなわち自分の生命の後ろ、見えないところにちゃんと完全であらしめようとする自己、どこまで行っても自分を完全たらしめるという力がちゃんと用意されてるんだということを考えたら、なんにも悶えることも悲しむことも、怒ることもないだろ？　これは奇跡でもなきゃ、不思議でもないんだよ。尊厳な真理なんだから。これを始終心してごらんなさい。

そうすると、長くその消極的な思考と絡み合ってる愚かなことをしなくなっちまうんだよ。出ることは出ますよ。こう言ってる私だって、時によるとひょいっと消極的な思想が出てくることがある。それがパッと消えるんだ。ありがたいかな、今も言ったとおり瞬間停電が消えちまう。だから、そうした心がけで生きてごらん。そうすると真理の中で尊厳に自分自身を生かしていこうとする努力と同じ結果が来る。ね？

だから、今も言ったとおり、忘れちゃいけませんよ。仮に煩悶や悲しみや恐怖や怒りやというような消極的なものが発生したときには、これは自分の本来の心じゃないんだと。だから、こんな心を承認して自分の心の宮殿の中におらしめることは絶対にできないでしょう。自分の心の中に厳然として我と我が心に宣言しなさいよ。慣れてごらん、訳ないから。おもしろおかしいように、消極的を積極的にハイッと切り替えられる。ね？

消極的な思考というものが修行すると同時に消えてなくなっちまうというんなら、こういうことを教えない、私はあんた方に。ところが、いくら観念要素の更改をして、積極観念の集中力を養成しても、後から後から消極的な思考となるべきような観念要素が随分油断なく警戒してても、どこの隙間からか潜在意識の中へひょいっと入るように、できてると言うとおかしいが、入っちまうんだよ、事実において。

だから、自分がこれでいいと思っても、ひょいとその消極的な気持ちがいつか実在意識を侵《おか》してくる。だから油断なくいつもそれを感じ、「あっ、また実在意識が暗くなりかけてるぞ」と思ったら、パッと今言ったとおり、現象の背後に実在ありと。自分じゃ気がつかないけれども、公正にものを完全にしようとする大きな力が生命を守ってじっとしてるのを、そいつを妨げちゃいけないと。

変な気持ち、心持ちを感じたら、「これは自分の本来の心でないんだと。俺の心の宮殿の中はあくまでも尊いものでもって、ほかのものをおらしめないぞ」と。これも何遍でも戦うつもりで努力していってごらん。それは一遍や二度や三度や五度や十度や百遍や千度でもって成功しやしないんだから。

こりゃもう、「倒れたら起きろ」「転んだら跳び上がれ」というようなふうにやってると、ありがたいことには習慣性能という特殊な性能が人間の心にあるので、そうすると今度は、ほとんどなんにも困難を感じないで、次第次第に我々の心を常に正当な状態に成長せしめていけるという、ありがたい働きが我々の心にある。

そうなると、同じ消極的な思考が出ても、瞬間に消えちまうんだから、実在意識領というのは常に積極的な考え方で満ち満ちてくるだろ？　そうすると、一切合切がすべて尊く美しいものにつくり替えられるようにできちまうんだから。そうすると明け暮れ、自分自身を強い世界の中で生きていかれるような、頼もしい人間にしてくれるから。

だから、たった今までの過去の一切のすべての失敗なんていうことは考える必要ないんだよ。ね？　今日から今日の教えに基づいて、ちょいとでも心が暗くなったらピシーッと一鞭《むち》当てるつもりでもって、ふっと積極的な方面へ心を振り替えていくために、「俺の見えない生命の後ろには、俺を完全ならしめようとして守ってくれる力があるんだ」と。その力を妨げるような気持ち、心持ちを「持つなー！」と言って、自分の気持ちの中に、さっきも言ったとおり、「俺の心の宮殿の神聖は俺が保つ！」というふうに思っただけでも、どれだけ大きな効果があるかわからない。

まあ、やってごらんなさい。やって必ず悪い結果は来やへん。それを「難しいからやらねえ」とか、「面倒くさいからやらねえ」。面倒くさかったら死んじまうほうがいいんだけど。新しい年の甦《よみがえ》りを現実化するには、まず自分の気持ちの持ち方から甦らす。よろしいかい？

■怒らず、怖れず、悲しまず

よく世間では、新年になると、年頭感とか、あるいは新年に際してという特別な何か言葉とか文章とかを発表するということが、まま習わしになっています。

しかし考えてみると、お互い天風会員は、今さら新年だからといって新しい考え方を出す必要もなく、さて年末になったからとて、改めて今年一年をしみじみと回顧してみて、そして新しい年に対して、古い年の中の悔い改めを再び繰り返さないようにしよう、などというような、月並みな心の持ち方をする必要は少しもない、と私は思う。

というのは、普段の講習会であなた方が聴いておられること、なかんずく夏の修練会であなた方の、もう既に心の中には十分に染み込むほど「心身統一法」の真理の真髄が入っています。言い換えれば、正しい理想的な、合理化された「自己統御法」というものを知っておられて、生きておられるんだから。その人々に対して、何も改めて「新年だからこんな気持ちになれ」「歳末だからこんなふうな回顧をしろ」というような俗世間的なことは、もう必要はないと思う。

というのは、もう諸君は毎日毎日、内省検討を寝がけにしているんだ。ね？　内省検討をしてる以上は、要するに「日々に新たなり」ということを、事実において具体化した人生生活を営まれておる。その人々が、今さら事新しく、何も年頭に際してからに特別な考え方をしなくたっていい。

ただ我々として、この際考えてみなきゃならないことはたった一つ。それはますます「吾等《われら》の誓い」ですね、「今日一日、怒らず、怖れず、悲しまず、正直、親切、愉快に、力と勇気と信念とをもって、自己の人生に対する責務を果たし、恒《つね》に平和と愛とを失わざる立派な人間として生きることを厳《おごそ》かに自分自身の誓いとしよう」というあの誓いを、完膚《かんぷ》無きまで日日《にちにち》実行に移していくという心がけをより一層拍車をかけ、より一層鞭撻《べんたつ》していくという、この心がけを毎日毎日怠らずやることです。それ以上になんにも我々が、要するに天風会員としての我々が、我々の人生に心がけることはないんだから。

ただ、内省検討をするときにですね、くれぐれも注意したいことは、我執《がしつ》から離れられないことがある。我執、つまり自己本位ですな。公平に考えりゃ、もっと正しい思慮分別《しりよぶんべつ》のできるようなときでもですね、たまの場合は、どうも悲しまずにはいられなかったとか、腹立たずにいられなかったとか。あるいはまた、どうしちゃったという場合には怖れるよというようなことを、理屈をつけて自分の考え方に同情するという気持ち、我執があると。

だから、内省検討に一番いい標準は、たった今私が申し上げた「吾等の誓い」ね。この「吾等の誓い」が標準になりゃいいんですよ。つまり、理屈の如何《いかん》を問わず、怒らないこと、悲しまないこと、怖れないこと。この理屈を問わないというところに非常にこの統一道の重点があるので、理屈をつけていたら際限がないんです。ね？　理屈をつけていくと、ついそれは、人間には一面、動物性の感情というものがあるから、その動物性の感情がすぐ飛び出してきて、自分じゃ自己本位に身贔屓《みびいき》してるつもりはなくてもですな、知らず知らざる間にそうなってしまうべく余儀《よぎ》なくされてるのよ。

だから、とにかく一旦誓ったことは破らない。「怒らず、怖れず、悲しまず、正直、親切、愉快」と、この「三勿三行《さんこつさんぎょう》」は、最もよい感情、言い換えれば、すべて融通性を持つ円満具足《えんまんぐそく》的な値の高い感情。その感情を、自然と自分の心の中から常に湧き出させしめようとするためにも、大変に必要なことなの。

理屈なしに、ただもう「怒らず、怖れず、悲しまず、正直、親切、愉快」、これを実行に移さなきゃだめですよ。この実行に移すというときに、内省検討しながらそいつを忘れちまったら、もう実行に移したんじゃないんだから。消極的の感情というのは、これは悪い感情なんだ。これは常に健康や運命によくない破綻《はたん》を発生せしめ、知らざる間に自分の幸福や健康というものを破壊しちまう。

ところが積極的な感情というのは、これはもう非常によい感情、いわゆる“Good Will”なの。このよい感情は何にも勝《まさ》ったすばらしい良薬になる。良薬という言葉に語弊《ごへい》があれば、命を守る立派な糧《かて》になり、そしてまた衰えようとするところの生命、もっと内面的にこれを分析的に言えば、幸福や健康の方面をもぐんぐん盛り直していこう、立て直していこうという本当の自然の力がこの中にこもってきて、そして、これはあえて求めなくたって、それが要するに今も言ったとおり自然現象なんだから、ぐんぐん我々の健康や幸福も挽回《ばんかい》されることはわかり切ったことなの。

今までのこういう真理を知らなかった自分のやっていた心の使い方というのは、あるいは持ち方というのは、全然真理以外に走っていたと。朝から晩まであなた方は、怒ったり怖れたり悲しんだり、あるいは心にもなく不正直になったり不親切になったり不愉快になったりするということを、しかも人生これは逃れあたわざることのように考え違いしていて、やってたことがしょっちゅう諸君の健康や運命のほうによくない兆候で現われたということは、もう諸君自身が一番よく経験して知っていることなんだから。

だから、どんな場合があろうとも今後は、もう一層、「吾等の誓い」を厳重に実行するということを、自分自身の人生生活の規範とし、モットーとすると。規範としモットーとした以上は、この線路から外れないということが、最も大切な注意。また、そうして生きることが、真人《しんじん》としての価値の高いプライドなんです。

とにかく我々は、人生に生きる場合の刹那刹那に、自分が自分の感情の荒波に巻き込まれて、そしてのた打ち回って生きる人生に生きるぐらい、恥辱《ちじょく》なことはない。これは自己冒涜《ぼうとく》です。

だからどんな場合においても、感情を乗り越えていったというところに、人間の尊い生命の価値があるんだと、普段、私が言ってるでしょ。「人間は感情の動物だ」なんていうような、価値のない思想を重大視した過去を一切捨てて、人間というものは始終感情というものを乗り越えて感情を統御しうるところに、本当の人間の価値があるんだと。これは統一道の、かりそめにも主張であると同時に、天風会員のまたこれが誇るべき、ラショナリスティック（合理的）なセルフコントロールだということを、どんな場合があっても忘れないように。

くーっと悲しかったり、はっと腹が立ってきたり、あっとびっくりするようなときに、すぐ「吾等の誓い」に自分の心をはっと立ち返らせなきゃいけませんよ。そしてどんな場合でも正直に、そしてどんな場合にも親切に、どんな場合でも愉快であるということにしましょう。そして始終、人の欠点は見ないでもって、人をほめることを心がけ、そして自分は最善を尽くそうということに努力しましょう。ね？

人を批判する間には、自分も批判されるということを考えなきゃいけないから、だから人の落ち度を発見したらば、それはもう頭から許しちまわなきゃ。ね？　そういうふうにしていきや、今日一日の誓いは、完全に実行ができますから。

■世のため人のために生きる

心身統一の根本義として必要な心の持ち方と使い方、これを教えられたままに一生懸命にやると同時に、さらに肉体生活のほうを本でお読みになって、そして一生懸命行なってくだされば、やるに従い、行なうにつれてどんどんあなた方の人生の全体が、今までと打って変わった状態によりよく変わっていきます。これは当たり前のことですが。

それにつけても、特に私があなた方にお勧めしたいのは、どんな場合があっても、一旦こういう修養道に志した以上は、それを緩めたり、あるいは元に戻したりするようなことがあっては、これは甚だしい自己冒涜《ぼうとく》であります。

もちろん、そんな気持ちを持たれた人はここにはひとりもいないだろうけども、どうも人間というものはね、一面慎ましやかな方面があると同時に、また一面、自分でもあきれるような横着な気持ちがあるものなので、慣れるに従って、はじめのような熱心さが、ときにたままた失われることなきにあらず、なんであります。いわゆる尊さに慣れるという恐ろしい事実が、我々の人生にはある。

それと、心身統一法というものは、いちいち人の前でもって誰かに見せてやってることじゃありませんから、日常の実際生活の中に組み入れてやれることだけに、ひょっと心が揺れると、もとの間違ってた生き方のほうへと逆戻りをする恐れが多分にある。俗に言う「焼けぼっくいに火」だ。

ですからどうぞ、それを戒めるのは自分なんですから、ほかに監督官がいるわけじゃないんだから、常に自分の怠る心に鞭打ちながら、今までの無軌道的な人生に生きることなしに、教わったままの人生を無条件にものにする気持ちでもって行ない続けていったならば、本当に自分でびっくりするぐらい自分というのは変わってきますよ。

いわんや、年に一回必ず催される修練会にお越しになってやっていけば、三年、五年経つうちに、今までの自分と比べて、自分ではっきりわかるような自分の優れた人生を感じます。そのときだ。いや、そのときと言うと少し時期が遅い。今から、これは真理に一旦足を踏み入れた以上、自己の人生のためだけに生きるということをやめてほしいんであります。

人々は、最初に道を求めに来たときには、自分のことが本位で来てたに違いない。もっと丈夫になりたいとか、もっとよき運命の持ち主になりたいとか、煎じ詰めれば、どれもこれもみんな自分だけを目当てで来た。けれど、よく考えてごらん。人生というものは自分一人で生きられる世界じゃない。人、人というものの中にいる自分であるから、生きがいを感じる。

世界一の金持ちになって、世界一のあなた方が頼もしい能力を持つ人間になったからとて、人のいない無人島へ行ったら、はたして生きがいを感じます？　隠遁《いんとん》を請《こ》い願う者なら、さもあらばあれだが。そういうことを考えたときに我々が忘れちゃならないことは、こうした真理を知って人生に生きる以上は当然、今までの凡人生活じゃない人生が生まれてくるのは必定《ひつじょう》だということ。

と同時に、我々の生きる場合の念願は、なんの仕事をしてる人でも、人の世のため、人の喜びのため、人の幸福のためということを考えることを忘れない生活を営んでもらいたい。同じ商売をするんでも、今までは儲けよう、儲けて金持ちになって、家族に美味《うま》いものを食わせたり、いいものを着せたり、また場合によっちゃ、おかしな奴になると、細君に知れないように女でもこしらえてみようなんていうのがたいていの人の気持ち、心持ち。

それをいちいち私、監督はしないけれどもだ、それより大事なことは、自分の存在は人の中にいる存在である以上、できるだけ人の喜ぶ、人の幸福も考えてあげよう。同じ商売をするんでも、この品物を売って儲けようということよりも、こういう品物を人よりも安くその人に売ってあげて、その人の生活の中で少しでも幸福を多分に味わわせてあげようと。そういう気持ちで自分も利益をいただこう。こういう気持ちでやってほしいんであります。

これは人の幸福、人の喜びを考えてやる仕事なんです。ですからその気持ち、心持ちを完全なものにしようと思ったら、人生に生きる刹那刹那も、決して人の嫌がることをしちゃいけない。人の迷惑になることをしちゃいけない。そうして常に人に嫌われない、人に愛される人間にならなきゃいけませんよ。

世の中の、今まであった修養法をやってる人は、一種、型にはまっちまうんです、妙に堅苦しい、陽気のない。これはもう修養ばかりでなく信仰に入ってる人でも、なんとなく臭みのある、それは我々の欲するとこじゃないの。だからどうか、とらわれた気持ちでなく、広い意味における人生生活の模範生となるような尊い気持ちでもって人生に生きられることを希望いたします。

我々会員たちは毎日、朝起きて人生生活に向かうとき、今日の生き方を天に向かって約束する誓いの言葉があります。それを今あなた方にお聞かせするから、明日の朝からその言葉を自分の魂に誓って人生に生きられたらよろしい。それでは、

「今日一日、怒らず、怖れず、悲しまず、正直、親切、愉快に、力と勇気と信念とをもって自己の人生に対する責務を果たし、恒に平和と愛とを失わざる立派な人間として活きることを、厳かに誓います」

くどくど説明する必要もないわけです。この誓いの言葉のとおりに生きれば、価値高い人生に生きられてる自己を見出すことができるでしょう。今日一日、怒らず、怖れず、悲しまず、これは事情のいかんを問わず、怒らず、怖れず、悲しまず。当然感情の奴隷にならない、自分はあくまでも自己の生命の主人であるということを実行に移したいためであります。

間違って怒ったり、怖れたり悲しめば、もうその人は感情の奴隷になってる人だ。そうして人生に生きる場合の自分の心の態度は、あくまで正直に親切に愉快に、そして自分の生命の力というものを正しく信念的に持って、そして気をくじかないで勇気凛々《りんりん》として、常に自分の人生に対する責務を果たせと。

自己の人生に対する責務を果たすということは、食うことの問題ばかりでなく、今申し上げたような「我あるのは、我あるためにあるにあらず。人の世にある我は、ひたすらに人の世のためにある我なり」と。こういうように考えて生きることが、自己の人生に対する責務を果たすことになる。そして常に平和と愛を失わない、立派な人間として生きることを厳かに自分自身の誓いとしようと。

誓いという言葉は、天に向かって背《そむ》くべからざる約束をしたということが誓いなんですよ。人と人との間でもって、「これをこうしましょう」「忘れずに行ないましょう」というのは、これは約束だよ。人間同士の間に取り交わされる実行を、お互いに言い交わすのが約束で、誓いとは絶対に侵すべからざるものを天と約束することであります。だから、どんな無鉄砲な人間だって、天と約束してからにこれに背く奴はなかろうと思うが。

約束しない人は背くかもしれないから、朝起きたら、簡単な言葉ですから必ずこれを小さな声で口ずさみなさい。そして、一日をきわめて生きがいのある、後悔しないような人生に生きる日の毎日であるように心がける心がけこそ、かりそめにも修養道を志した人間の心構えであると同時に、天風会員としての汚《けが》すべからざる大きな誇りであることをどうぞ、厳として自分の心に常に把持《はじ》されたることを希望します。

■自責の念を排す

釈迦に説法をするようですが、あなた方の「心身統一法」の実行に際し、わかり切ったことでも、とかくわかってるはずのことが実行できずにいる人が随分あるのを、私は自分の経験の中から、いつも遺憾だと思って眺めているんです。それはほかのことでもないんです、心身統一法の一番根本義として大事な「心の態度を崩してはならない」ということ。

これがですな、言われたときだけはみんなハッと気がついて、心の態度のとり直しに努力するにはするんですけれども、少し私から遠ざかって、講習会が終わって、まあまあ保てている人が一月ぐらい、あとの一月ぐらいはどうにも自分でもしょうがないっていうような心がだらしなくなってる人も、ときにたまたまあるんじゃなかろうかと思われるんですがな。

もう多く説明するまでもなく、人間、何事か事あるときに、この心の態度が崩れて消極的になっちまえば、その消極的のとおりに人生というものはたちまちその生活力を衰えさせてしまうがために、お互いの人間の生きる毎日の世界というものは、どんなに光あらしめたいとしても、暗黒にならざるを得ないという結果が来るのであります。

ということは、もうわかり切ったことで、今さら申し上げる必要もないほど、あなた方は百も二百も合点承知なんだが、この合点承知のはずのことが、なんでもないときはいいんですよ。病があるとか、運命が悪くなるとかっていうと、いつかひょいと気がついてみると自分の心が消極的になってる。

そして、もちろん知り抜いてることです、積極的な思考こそは人生への光で、消極的な思考こそは人生を闇に成す事柄だっていうことは知ってるんですよ。知っていながら、悶《もだ》えたり、悲しんだり怒ってみたり、苦しんでいる。心ならずも自分の人生を闇にしちゃってる。ね？だからいつも講習会でも言ってるとおり、一番この努力してもう死ぬまで怠っちゃならないのは、でき得る限りの努力で人間の心の態度を積極的にすること。これはもう、ちょっとの油断もなくやらなきゃいけないんですよ。

いわんや、人生、事多きが当然なんですから、その事の多い人の世の中に生きてるお互いが、それをですよ、完全に修養ができてしまっていりゃ、まあその点は、いささか安心とまではいかなくても、そこまで厳重にしなくてもいいということになるかもしれないけれども、完全に修養ができない限りは、人の世の事多い中で生きてるために、どうしても事のほうから自分の心を崩しに来ることを防ぐことができない場合がある。ね？　それを考えないで、講習会に何遍も来てからに「言うことがわかってる」と。もうすっかり、「俺は、あの次はあれで、あの次はあれだっていうことがわかってんだ」というような人も随分あるんだが。そういう人は、もうわかっているから「俺はできている」と、こう思うんですよ。

で、できている俺が、こういうときにこういうふうな心の態度を積極的に持ち直すことができないというのは、こりゃ、こういう場合は「どうしたって積極的に持てないことなんだから持てないんだろう」と、こういうふうに思う。これは随分考えてみると屁理屈なんですけれどもね。それというのは、結局、要するに心身統一法の教義の内容が理解的にわかっているだけなのを、できたことと一緒にしちゃってるんです。いつも言ってるでしょう、「理解、すなわち完成じゃない」と。

証拠はすぐわかることでもって、自分がはっきり了解できるんだけどなぁ。つまり、理屈はよくわかっていても、なかなかその理屈どおりに心が持ち直していけないという、自分の姿を見りゃすぐわかるんだが。いつもそこに注意を振り向けないで、「俺はわかってるんだ」と。私にははっきり言わないけども、もう既に「卒業してると同じことだ」と、卒業したのと同じような人間が考えてることに間違いないと、こういうふうに自惚《うぬぼ》れちゃっていてるんです。

そうすると卒業した心でもって考えて、どうもこの場合は積極的になれないんだから、さっきも言ったとおり消極的に考えるのが悪いんじゃなくして、この場合どうしてもそう考えるよりほかに手段がない事柄なんだからこう考えてるんだって、こういうふうに随分ややこしい。これはこじつけですがねぇ。そうなったらもう度《ど》し難《がた》しこと夥《おびただ》しい。そういう人はあまりたんとはいないと思いますけれども。

中にはこういう人がありゃしないか？　せっかく講習会を聞いてからに心晴れ晴れと、なんか生まれ変わったような、悟りが開けたような気持ちになってからに、当座は人生の諸事万事に対して非常に心が積極的にすべてを応援してくれて、まったく変わった世界のように自分が感じてきて、それがまあまあ保ててることがわずかな間で。いつかひょいと気がついてみると、自分の思ってることや考えてることが、みんなそれが消極的な観念で、そいつが頭の中に所狭きまではびこって充満してるということを発見することがある。これはあるに決まってる。

ところが、そのときに、真理を知っていないときには別にそんなことは気にかけやしないんですがね、もう何遍も講習会へ来て、聞いていてからに、そういうことは悪いんだっていうことがわかると、大変な特別な悶えを感じるんですな。

一種の真理に対する自責の悶えと言っていいんだろうと思います。こういうときに、たいていの人は「しまった……」と落胆するんですよ。心が非常にひねくれてない限りはですよ、純真な人間なら。これがね、真理からいくっていうとあまりいい気持ちの持ち方じゃないんだよ。純真だからそういう場合に自責の念がよけいに心の中に起こるから、今言ったとおり「あぁ、やり損なった。しまった……。教えを何のために聞いてるんだ」とこういうふうに自分が考えるのは、これはね、ちょっと考えると大変いい考え方のようなんだけれど、天風哲学はそういう考え方を持つことはあまり賛成しなんだ。

そうかといって反対に「まあいいや、このぐらいの考え方は、まだできてないんだから……」なんていうふうに思うことは、なおさらいけませんがね。例えば簡単なことだけども、「クンバハカ（神経反射の調節法）」ですな。クンバハカの第一の準備として「尻の穴を締めろ」っていうことを言ってる。肛門を締めるということの重大性を、一番先に熟練していつ顧みても肛門の締まってる人間にならなきゃいけないと私が言った言葉を、ただもう、まともからこいつを一本気で考えちゃってね。それで、いつ気が付いても肛門が締まっていない自分を見るともう情けなくなっちゃってからに、「俺はだめなんだ、俺は。このぐらいのことができないんじゃ、もう俺なんていうものは、真理から遠ざかって生きなきゃならない憐れな人間だ」と、こういうふうに思うんですよ、純真な者はね。

よく聞く人があるの、私に。「先生、あれ難しいですな、教わったときには易しいと思ったんですけど、ひょいと気がつくといつも尻の穴があいてるんです」。そういうときに私は必ず一列平等、誰にでも同じ返事をしてる。

「それはね、おまえ、そういうときにしまったぁ！　また締まってないと思うのは、普通の人間の考え方じゃねえか。修養してる人間は、もう一段上のことを考えろよ」と。

「へぇ、考え方はもう一段上にあるんですか」

「あるっていうことだ」

「どういうことを考えりゃいいんです？」

「そういうときは締めちまえばいいんだよ。なぁ？　締まってないと言ってからに悔やむよりも、締まってなかったら締めりゃいい。これだよ」と。

「ああ、そうでしたか」と言って、わかり切ったことなんですけど、言われないとわからないらしいんだな。

心がそうなのよ。消極的になったときに「ああ、しまった……」と。「一体何のために自分は修養してるんだ？　何のために一生懸命講習会を聞いてたんだ？」というふうに思っちゃいけないんだよ。そう思い出すっていうと、ただますます心が暗くなるとも明るくなりゃしない。ね？　自責の念に堪えかねるということは、より一層心を暗くするとも明るくしゃしねえもの。

だからそういうときには、それを悔やむことの代わりにだ、そいつを相手にしないで、ハッと気持ちを積極的のほうへ取り替えちまえばいいんだ。消極的の思想がたまたま生じてきてもだよ、もう一遍言うけれども、そのとき決して悶えたり驚いたり悲しんだり悩んだりしちゃいけないんだ。そのときなんだよ。

■日常の刹那刹那が修行

ただ、そこで私はあなた方に、少し痛い言葉になってくるかもしれませんけど、これは本当に必要な教訓としてお話をしたいことが一つあるので、それをお耳に入れときたいと思うんだけど。どうもね、朝あいうことだけしてさえすりゃ、もうそれで何か私の教義である「心身統一」というような人生に必要な修行が自然とできあがり、かつまた、それで何か自分は完全な修行をしてるように思ってる人も中にはあるんじゃなかろうかと思うことを私、非常に懸念するんです。

もっとはっきり言いましょう。朝とにかく今までよりも早く起きて、各々集まるとこへ集まって、そして「誓いの言葉」や「甦えりの誦句《しょうく》」を言ったり、言われたり、そしてとにかく「統一式運動法」や「積極体操」をやると。そして三十分、一時間、これにはとにかく尊く時間を費やし、それから別れると。そうすると、各々みんな違った方面ではありますけど自分の進む人生生活の方面へと行きますね。

すると、それでもう朝集まってそれだけのことをしてりゃ、もうほかのことはなんにもしなくてもいいんだと。こういうふうに思っちまうという、知らず知らずの間に「朝もうやったからいいんだ」というような気分でもって一日を過ごす人がないともかぎらん。むしろそうする人、多いんじゃなかろうかと、私、それを非常に懸念するんですよ。

それは、些細なことから私はそう感ぜせしめられることがしばしばある。それはね、この修行というものを何か特別な時間に、ある規則立ったことだけをすることで全部の目的が達せられると思っているためか、他にまた原因があるのかとにかく、そのときだけは立派にこの心身統一法をやってる人であるのにかかわらずだ、普通の人生生活に鞅掌《おうしょう》（暇がないほどせわしく働くこと）しているとき「どうもこの人、心身統一法をまじめに……、こういうときに実行しなきゃならないのに実行しないのはなぜだろう」と思うようなことがあるんですよ。

いえね、他人には「本心良心ですべて正義の実行をしろ」なんていうようなことを偉そうな顔して言ってる人間にかぎって、自分はちっともこの本心良心で人生に生きてない。まぁ、本心良心のときばかりでなく、積極観念の集中力の養成に必要な内省検討なんていうことも、人には非常に厳格に要求しといて、自分はちっともしてない。

つまり、人のことをいいとか悪いとかっていう批判をして「反省しろ」の「いや、それは気をつけろ」の「あそこがいけないんだ」とか「どうもかりそめにも天風会員としてなすべき行ないじゃなかろう」とか。あるいはいたずらにただ天風会員であるばかりで、少しも「自分さえよきゃいい」というような気持ちでもって、いわゆる功徳《くどく》の布施なんてことに努力しないというふうに。

とにかく批判的に人の行動をかれこれと言う人、かなり多いけど、それじゃ自分じゃ、はたしてそのとおり何もかも人の模範となるような完全なことをやってるかというと、案外そういうことを言う人にかぎってですな、自分のほうは非常に隙間だらけ。もしも、もう一人の自分と同じような人間が脇に立ってたら、きっと「他人のことなんか、かれこれ言う資格はないじゃないか」と思われるほどの散漫、放縦《ほうじゅう》な、無反省な、無自覚な生き方をしてる人、事実においてあるんですよ。これを私、懸念するんです。

修行というものは、何も特別な時間に特別なことをすることじゃないんだ。心身統一法はそれ、多く言うまでもなく、日常の人生を行なう刹那刹那に、これを行なうようにできてる方法であり、かつまた修行のそれが本来の面目。つまり「修行」と言うからなんか特別に考えさせられるんだけど、いつか私、「行《ぎょう》」ということについての解釈をしといたでしょ？　何と書いてあるか。つまりこうして生きてる瞬間瞬間、何をするときでも、「我あり――俺は生きてる」という自覚意識のあるときに、それはどんな場合でもみんなそれが修行のときだ。

よく私、講習会のときに言うでしょ？　昔、禅の有名なお坊さんに檀家のある男が、「禅というのはいったい何だね？　怖ろしく難しいもんのように俺たちは考えるんだが、あんた方も難しいからこそ一生をかけて難行苦行してるんだろうと思うんだけど、この禅っていうものはどうです、私たちのような全然もののわからない人間に一口でわかるように、それを講釈して聞かせることはできないもんかねぇ」

とこう聞いたときに、坊さんが笑いながら、

「できるできる。一口で禅はなんだっていうことが言えるよ」

「あぁ、そうかね。それじゃ一つ、その一口でわかることを聞かせてくださいな」

と言ったら、禅の坊さんが、

「わけないことさ、水を飲むときには水を飲み、飯を食うときには飯を食い、歩くときには歩き、笑うときは笑えばいいんだよ」

「えっ、それが禅？」

「そうだ」

「馬鹿馬鹿しいことを言うもんだな。何か怖ろしい難しいもんだと思ったら、なんですそれは。そんなら、俺たちだって禅はできてるわけだねぇ？」

「いやいやできてない。あんたあれかい、水飲むときには水を飲んで飯を食うときには飯を食って、歩いてるときには歩いてて、笑ってるときには笑ってるかい？」

「あぁ、そのとおり、そうですよ。笑うときに怒ったり、飯を食うときに慌てて茶を飲んだり、歩こうと思うときに座っちまうなんてことはしませんよ」

「ははっ、なるほどなぁ。しかし、私の今言った言葉とあんたの言ってる言葉とに少し違いがあるんだがね」

「へぇー、少しも違いはねぇと思うんだけど、どこが違うんだ？」

「私の言うのにはね、水を飲むときには水を飲めと言うんだよ」

「私だって、そのとおりだ」

「違う違う、おまえさんのはね、水を飲みながらほかのことを考え、飯を食いながらほかのことを考え、歩きながらほかのことを考え、笑うときにもほかのことを考えるというふうに、一心になってそのことにぶつかってないだろ、あんた方の心。ねぇ？」

「なるほど。そう言われてみると、そうですなぁ」

「そうだろ？　それだよ。ちょいと考えるとわけないことだがね、こいつが難しい。難しいから私たちは一生をかけて、つまり修行というものをするんだ。そして修行のできたことにもう安心だという状態になれるときは、もう本当にどんな場合があっても一心でそのことをやれるようになったときなんだがね。それがなかなかどうして、十年や二十年や三十年の修行じゃなれないので、いいえ、まんざら誰もなれないとは言わないけれども、多くの坊主の中でもそうなれる者がさ、百人に一人あるか、千人に一人あるか、危なくするっていうと、一万人に一人ようやくっていうような状態なんだ。そのぐらい、そりゃ、口じゃ言ってわけないことだけど、事実に行なうとなるとなかなか難しいもんだ」

とにかく「禅の訳はそれでわかりましたか」と言われて、質問した人間も初めて「口で言ってやさしいが、それが本当のものになるのが難しいんだ」ということがわかったという昔の話を講習会でちょいちょいするから、覚えてる人はいつも省みておられることを信ずるが。

心身統一法は、結局それと同じ意味があるんで、こうしてあなた方が今私の話を聞いておられるときも、よく考えてください、あなた方の耳に流れ込んでくる話の中にあなた方の全生命を打ち込んであるかないか。ね？　表を通る自動車の響きに心をひょいと奪われたり、なんにもそのほうに心を移す必要もないような物音にふらりと心が誘われていったり。ただ単にそういう感覚的な誘惑ばかりでなく、感情的な気持ちさえ、現在のただ今の気持ちをなんとなく一心の状態から散らばった状態にしてるような人もいやぁしないか。ね？　だからここなんですよ。朝、よしんば、どんなに早く起きて毎朝体操をしたからって、それだけで修行ができると思ったら大間違いよ。そりゃ体操が上手になるというだけの話なの。ね？　要するに体操をするという気持ちの中から、今日一日が、この今、現在体操をしてるときと同じような気持ちでもって立派に、晩寝るまでは心身統一法の一つひとつその条件に背かない人生に生きていこう、いや、生きていくんだというこの心がけを実行に移せなかったらば、これはもうむしろ朝の修行、やらずもがなになっちまう。ね？　そりゃやらないよりやったらいいというだけのことに終わったんじゃ、おもしろくないでしょ？

現在のこうした刹那刹那が厳《おごそ》かに心身が統一されていなきゃならないというところに、あなた方が正しい自覚を持たなきゃだめですよ。ただ朝の間の一時だけ心身統一のできる人間になって、それ以外が元の木阿弥《もくあみ》になったんじゃ、せっかく真理を聞いた人間としての甲斐がないということだ。

現に、今さらならず、私がこういうことを言うことが非常に事新しい人生への教えでもなんでもないわけでね。もう優れた人の頭の中には、誰でもがいつも同じようなことを考えられている。

いつか私、これはたしか『リーダーズ・ダイジェスト』というアメリカの雑誌に書いてあったのを私が翻訳したんだ。「あなたの生涯最も幸福な日を楽しむには」という演題でね。"How to Enjoy the Happiest Day of Your Life" こういう題目で書いてあった文章を読んで非常に私、心身統一法と意味相通ずるものがあると思って、これを天風流に翻訳したのがありますのを、これをここでもう一遍繰り返してみたいと。

我々は一日だけならどんなことでもできるじゃないか。今日だけでいいから。命のことを怖れないで考えろ。生命の影にすぎない死を怖れないでいようじゃないか。それから、幸福であることも何も怖がらなくてもいい。なんでもいいから美しいことを楽しむことと、最上のものを信ずることに勇敢に努力しようじゃないか。今日だけでいいから。昨日と明日を忘れて。人生のすべての問題を一挙に解決しようなどと考えないで、ただ一日だけを楽しく生きようよ。

昔の哲人が言ったじゃないか、人間というものは自分の決心一つでもってどの程度にでも幸せになれるもんだと。

だから、今日だけ幸福になることを思おうじゃないか。

そうして現実の事柄、例えば家庭だとか仕事、それから運命なんていうものには、逃げないでもってこっちから飛び込んでいって、即応しながら生きていくようにしようじゃないか。

自分に都合のいいようにしようなんていうことは大変な恐ろしい注文だ。

だが、もし我々が自分の欲するところのものを持つことができなかったならば、それで悩むよりも、自分の持ってるものを好きになること、なれるんだからそうしようじゃないか。

ただ、今日だけでいいんだ。今日だけでいいから気持ちよく、それでものわかりよく、快活に、そして情け深い人間になろうじゃないか。

自分の最善を尽くして。穏やかにきれいな服装で行動して、人々のすることを褒めて、どんなことがあっても、人々のなさったことを支配しないようにしようじゃないか。

そうしてもしも、人々に落ち度があったらば、それを許すことよりも先に忘れてやろうじゃないか。

いい言葉だな。どうです？

■天風会デクラレーション

ところがさっきも言ったとおり、人のすることだって言うと、すぐ目に映って、すぐ支配したくなる。許すどころか、忘れることなんて夢にも思えず、のべつ年中、人のことばっかり批評する気持ちで、己のことを忘れちまって己のことだけ許してる。ね？　これじゃ、かりそめにも天風会員としての正しい面目を保ってる人とは言えないと私は思うんだなぁ。

天風会のイデオロギーをデクラレーション（宣言）として私が発表した言葉を、あなた方、忘れちゃいないだろうね。私はこう言ってるだろ？

「天風会の目的と目標は、どんな場合にも誠と愛とで互いに思いやりのある助け合いを行なう兄弟姉妹という者の数を増やすことだと。そうしないと真の世界平和というものは立てられないから」というのが私のデクラレーション。その教えによって育てられ、その教えによって修行してたはずのあなた方の仲間に、他ばかり批評してからに、自分を省みないような人があったとしたならば、それはデクラレーションへの反逆者だと言わなきゃならないね。

この教えの中にもあるとおり、人の一切の過失は許す前に忘れてやれ。それで己の修行上の怠りや過失に対しては、あくまでも秋霜烈日《しゅうそうれつじつ》、忘れちゃいけない、許しちゃいけない。あくまでも厳格に自分というものを自分でもって反省しながら鞭打ってからに、たった今、今日初めて真理を聞いたような気分になる。すなわち、まじめな気分になって、一言冗談を言うときでも、あははと笑って踊ったり、歌ってるときでも、心身の統一をおろそかにしないように。

例えば、小さなようなことながら大きなことだが、クンバハカのごときだって、何年も来ていてからに、「クンバハカ」と言えばするかもしれないけど、そうでないときにひょいと横目で見たりなんかする目に映るあなた方の、全然クンバハカが抜けてる姿なんかをしばしば私は見る。そういうときに「あぁ、この人は都合のいいときだけ教わった法をやってんだな」と思うと、なんとなくその人の、広い意味における人格まで私は蔑《さげす》みたいような気になる。ね？

できるできないは第二ですよ。やってるうちには自然とできるようになるんだ。だから、なんでもいいから、一つの過失を感じたら、その過失を再びしないような心がけで、結局、朝起きてから寝るまで、いえいえ、もっと広い意味において、三寸息絶え万事休す、その日まで、病があろうとなかろうと、運がよかろうと悪かろうと、いえいえ、むしろ露骨に言っちまえば、無事平穏のときはさもあらばあれ、健康が悪くなったり運が悪くなったときこそ、より一層心身の統一を現実に実行するという、これが精進の気持ちと言う。

いいかい？　肉類食わないで野菜ばかり食ってるのは精進じゃねぇ。もちろん、それも精進として必要な心がけだが、体にばかり精進の飲食《おんじき》を与えて、それで心に少しもその糧を与えなかったら、その人は真の慎ましやかな人生に自覚を持って生きてる人とは言わせません。

どうも、とかく「私は天風会員ですよ」というだけを誇りに持って、少しも天風会員としての本質的な現実実行という麗《うるわ》しい人生生活を営んでる人の数の少ないのじゃなかろうかということを感じるがために、私はそれを非常に遺憾に思う以上に懸念してる次第で。

どうぞこの例会も、だからただ集まった場合に、さも懇親会同様の目的で集まるもよし、それぞれの体験、経験談を座談的に感激とともに語るも非常にけっこうですがね、自分が語るときも人のを聞くときも、非常にそれは大きな参考にはなろうけれども、そのときだけのただ淡い感激や淡い興奮じゃだめなの。

月に一回あるいは二回会うことは、緩まんとする心のネジを締め直しに来たんだというつもりで、「もう俺はこれでいいんだ」なんていうことは絶対に思っちゃならん。油断は大敵。常に常に、もっともっとという、心身統一の現実実行ということに心がけてくださいよ。

第三章

「心」とは

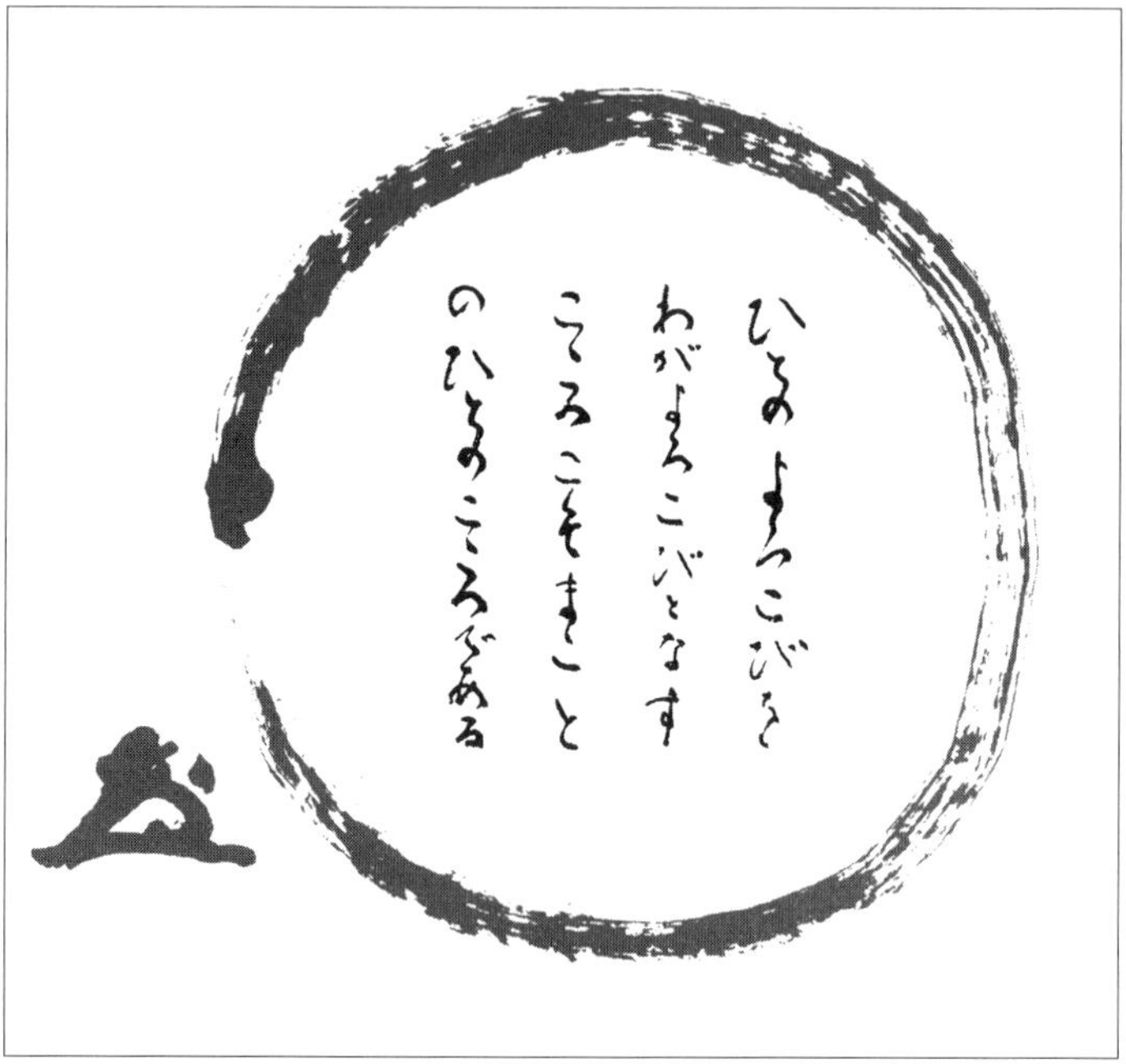

「円相・ひとのよろこびをわがよろこびとなすこころこそ、まことのひとのこころである」

■私は宗教では救われなかった

今日の問題は「心とは」。極めて哲学的な謎のような演題ですが、要するに我々天風会員の人生教義とする「心身統一法」の根本義となっている心というものに対する理解を正確にして、そして自己統御を完全にするためにまず一番先に必要なのは、心の操縦であります。自己統御をいかに完全にしようと思っても、一番先に必要な心の操縦が完全にならないと、自己統御できません。そこでその心の操縦を過《あやま》ちなからしめんために、心に関する理解を説こうとするのが今日の演題。

人々の多くは心、心とみんな口じゃ言ってるけど、その心というものがいったいどんなものかと、はっきり心の正体をわかって心ということを言ってる人は少ない。今でさえそうですから、およそその大昔は、全然何が何だかちっともわからなかったという方、無理はないでしょ。

これは何遍か私があなた方に言ってることだから、おわかりになってると思うけども、昔は心という言葉はなかったんであります。大昔の心を表現することは「ころころ」と言った。大化の改新以前の人々は心のことを「ころころ」と言ったんであります。

それから神様って言葉がその時分まではなかった。その時分には神様を表現する言葉は惟《かむ》神《ながら》という言葉を使った。惟神というのは大和言葉でもって自然ということになる。英語でいうnature。だから今神様と言ってる人は、なんだか知らないけども人間のようなかっこうをしているものが、なんか人間より優れた力を持って一人いるかの如き考え方を持ってるが、その点はまだ文化が現在のように至らなかった大化の改新前の人間のほうが、ほんとのことを知ってたんですね。

彼らの考えてた惟神《かむながら》という言葉は「ひとりでに」ということを「かみながら」とこう言ってたんだ。だからその「かみながら」の「ながら」を取っちゃって神にしちゃってからのちも、ひとりでにということを神というんだと思ってる人もないじゃないけども、それは百人に一人はありませんな、千人に一人。

だから西洋のGodという言葉ももう、やっぱり日本人が日本人の常識の中に伝統的に抽象的な、ほんというとよく訳のわからない神という名前をそのまま西洋人の言うGodに付けちゃってる。キリストのいうGodというのは、天に一人の父がいるとか思ったんでしょうね。これも一つの形容でしかない。宗教というものはすべてcalculationですから。calculationというのは一つの想定ということです。

クリスチャンもどっさりおいでてでしょうが、それじゃクリスチャンに「天にましします父ってな、どんな顔してるんだい」って聞いたって、そりゃ、こういうふうな鼻つきでこんな目元でって説明できないでしょう。できる人、手挙げてごらん。いやしませんよ。ただ、とにかくキリスト教で天に一人の父がいると、こう思えという、この思えといったことが想定観念。私も随分キリスト教を深く研究しましたが、母親どこにいるんだろうと思うんだけどもね。天に父ばかりいて、天に母がいねえが、母親どこ行っちゃったんだ？　どこかにいるんだろうけど、どうもキリストのほうじゃ「天にまします我らの父。どっかにまします我らの母」とは言わないから。

また仏教にも考えさせられる欠点があります。回教（イスラム教）にもありますが、一番常識的だと言われているキリスト教にそういう訳のわからないことが教義の中に存在していて、別に私、今キリスト教をけなしてるわけじゃないんだよ。まじめに考えさせられる点を言ってるわけで。

「まあ、もったいない。まあ、キリスト様を」とクリスチャンはおっしゃるだろうけど、私、もったいないとも何とも思わない。私はキリスト教で救われなかった。心の問題に悩み悩んで、もう世界の三分の二を歩いて、キリスト教はもちろん、仏教ももちろん、回教までやって救われなかった。それは私の心が極めてこれはもう極度に穢《けが》れて汚れていたから救われなかったとおっしゃるでしょう、クリスチャンや仏教家は。しかし盗人にも三分の理ありで、洗い清められるものは洗ってやるけれども、洗い清められざるものは洗わないじゃ、ちょっと宗教の本旨に違ったところが出てこやしないかと思う。

私は仏教の如きでも、「縁なき衆生《しゅじょう》は度《ど》し難し」と釈迦はじめとしてからに、現在の仏教家みんな言ってます。そうでしょ。「信ぜざれば救うあたわず、縁なき衆生は度し難し」。

しかし私、人を救うという建前で考えつかれた宗教である以上は、縁なき者にも縁を付けてやって救ってこそ、本当の慈悲じゃなかろうか、情けじゃなかろうかと思うがいかがでしょう。迷ってる、苦しんでるってのは、全然何にも頼る気持ちがなくなってる奴の陥った心のつれですもんね。まだ何かに頼れる人間だったら、迷いも悶えもそれだけ大きかないもん。でも、どん底に陥ってる人間に対して、あいつは救えないからって救わないのが宗教だとしたら、宗教なんていうものはもう絵に描いたぼた餅よりもまだ頼りないもんだと言わなきゃならないと思うが、いかがでしょう。

いや、私も最初は宗教にすがったんだから。もう切羽詰まって理屈も何もあるかと。迷信と言われようが邪心と言われようが、そんなことはかまわねえ。もう宗教に頼って救われなきゃと思って、散々苦労した挙句、宗教に行ってかえって私の失望と落胆はよけい倍加されただけでもって救われなかったんです。もちろん教会に行ってる人、お寺をお参りしている人、みんなあれ救われたいから行ってるんですからね、きっと。

それともあれですか、日曜のたんびに教会に行き、また節会《せちえ》の折々にお寺にお参りしている人は、俺が行ってひとつキリストを救ってやろうとか、俺が行ってひとつ釈迦を得度《とくど》させてやろうとかというつもりで行ってるんですか？　そうじゃないでしょ。死ぬまでお通いになってらしても、なんか救われるだろうと思う、いわゆる望みなきにあらざる気持ちで行ってらっしゃるので。

宗教的に私の心の中に生じてる疑念が、精神科学や心理学の中から宗教と照り合わせてからに、どうにも割り切れないものが宗教のほうで、割り切れないものを割り切れたような顔をして説いてて、しかも結果において割り切れないことを平気で言ってるのが、バイブルにも経文にもありますわね。

これも別にけなす意味じゃないんですよ。できれば教えてもらいたいから言うんだけども、「マタイ伝」にもありますね。「人もしもわが右の頬を叩かば、笑って左の頬を出せ」って。これはいい言葉のようですけれども、これ為しがたき計画じゃないかと思う。ちょうど日本にある「なる堪忍は誰もする。ならぬ堪忍、するが堪忍」と同じようなことで。クリスチャン一つ引っ叩かしてくれませんか。力道山のパンチほどは効かないかもしれないけど、かなり効くパンチ私持ってますから。そして右引っ叩いて、「さあ、どうぞ、左も」とお出しくだされたらば、その心持を伺ってみたいと思う。まして頼んだら出すかもしれないけど、いきなり往来歩いてる奴ら、これクリスチャンだなと思ってペーンって引っ叩いたとき笑ってからに、「お手痛みませんか。こちらもどうぞ、おついでに」って出す人いないでしょう。

アメリカに笑えない滑稽《こっけい》な漫談がある。ある日曜の日。教壇に立って宣教師の人がキリストの愛を説いて、そして今の「右のほっぺた、左のほっぺた」言ったらしい。そしたらそのお説教が終わるとまもなく、一人の少年がお集まりの中から飛び出してきて、いきなりその宣教師の右のほっぺたをぴえーって叩いた。そしたら今言ったばかりですから、みんなどうするかと思っていたら、宣教師が笑いながら、左のほっぺたを出した。じゃ、また少年がぺぺーっとこう叩いた。それでみんながやっぱり偉いなあ、あの宣教師。キリスト教を説くだけあって、なんと尊いことだと思ったのが束の間、右を叩かせて左を叩かせてるまではにこにこ笑ってたが、それからすぐその少年をいきなり首根っこを掴んでボカボカ拳固《げんこ》で殴ったの。

それから少年が怒っちゃって、「なんでい、チクショウ！　最初だけバイブルに書いてあるようにしやがってからに、あとなんだ。あと殴っちゃったら何もならねえだろ」って言ったら、宣教師が厳かな顔して「右の頬を叩かれたら左の頬を出せとは『聖書』に書いてあるが、それから後のことは何とも書いてない。だからぶん殴った」へへへ、クリスチャン、わが意を得たかな。

とにかく、そういうような状態であるのは結局、要するに心、心と口では言えど、その心なるものが何が何だかさっぱりわからないで、心、心と言ってるからなんだよ。だからものは試しだから、あなた方ね、たいへん偉いなあと思ってるような宣教師や牧師に、今日ここで聴いていった心の分解を、もちろん聞けばわかるから、そのわかった理解でもって聞いてごらん。

「いったい心、心と言いますが、イエス様のほうでもってつくってくださるところの愛の心っていうのはどれから出てくる心で、その愛を妨げるっていう心はどこから出てくる心でしょう」

って聞いてごらん。偉そうなこと言ったり、いろんなことやってる奴だって一遍で参っちまうから。

■心とはなんぞや？

第一に心というもの、心、心と言いながら、分類すると二つに分けられる。絶えず何事かを思ってる、考えてる、同じ冗談口言ってる場合に心に思い浮かべるときでも、その思い浮かべる事柄を厳密に分析すると、二色《ふたいろ》のどっちかから生まれた心であります。

二色とはどういう心か。一方は肉体についてる心。それから一方は精神についてる心。このどっちかの心が心の働きを行なう、実在意識領へ出てきていろんなことを思ったり考えさせたりしてるんだよ。

肉体のほうについてる心を「肉性心《にくせいしん》」といいます。いいかい？「肉性心」。これが三つになる。一つ、二つ、三つと。

第一が「物質心」、物質の心。

第二が「植物心」、植物の心。

第三が「動物心」、動物の心。

精神のほうが「心性心《しんせいしん》」といって、これが二つある。

一方が「理性心」、
第二が「霊性心」。

■二色の心――①「肉性心」～肉体生命に付随する心～

ただしこの肉体についてる「肉性心」の一と二だけは、実在意識領に直接的に飛び出して働かない。

この「物質心」というのは一番先の、あらゆる物質を形成する根本中心になっている心。だから、どんなものにでもあるわけだな。メタルにだって、メタルというものを作った根本中心がある。白墨一本の中にも、根本中心がその物質の存在を確保してる。

これはあなた方の中学時代に教わった物理学を考えるとわかる、ね。すべての量的存在は、つまり量的存在というのは物質ね、物質というものは素粒子が原子となり、原子がさらに分子となったものの形成に他ならないと言ってるでしょ。そのいわゆる素粒子のもう一つ根本にあるものを物質心だと言って差し支えないんである。

近代科学は、普通の常識じゃ考えられない、ちっちゃいとも、ちっちゃいとも、ちっちゃいとも、これは考え方の上だけでもって考えられることでもって、おそらくはこんなちいちゃなものを見る顕微鏡なんていうものは、永久に人類の世界にはないだろうとまで言われている小ささだな。素粒子の一個の大きさは一〇兆分の一センチっていうんですから。物理学の方程式から行くと、一〇のマイナス一三乗センチメートルであります。一センチというのがもう既に小さなものだもんね。その一センチの一〇兆分の一だよ。もう天文学的数字と言っていいでしょう。

そのまた一〇兆分の一センチというちいちゃいものをつくり上げる芯になってるのが物質心。目には見えなくても小さくてもあるものなんだから。いまだに物理学者のほうでは、それが気体なんだか固体なんだかわからないという、まだ決定のつかずにいるもの。だから湯川博士も、素粒子の背後に来たるものは現代の科学者によっては発見されないだろうとまで言ってるんだぜ。

とにかくある以上はあるんですから、ないところからあるものは出てこないんで。あるからこそあるんだから、わかるかい？　非常に学問的な言葉ですけども。

それから次の「植物心」というのは、一切の植物以上の生物に共通している心。これは石やなんかにありません。鉱物にはないと見ていいと心理学者は言ってますが、私はこの心理学者の説にいささか反対はしないけども、共鳴されない点があるのは、存在するものがなくならない以上は、この存在を確保する力が働いているということで、何かなしその生命を保存すると同時に成長は行なわれているに違いない。成長が止まったときは、もうそのものの存在がやがて崩壊する過程に入ったと見ていい。

しかしこういう難しい議論はともかくとして、常識的に言えば、生きてると思われるものの中に植物心はみんなあるわけだ。だからちょいと見ると、草や木には心がないと思ってるが、歌なんかじゃ「しず心なく咲く花の」と言ってますが、美しく咲いてる花見てからに、この花は人間を楽しませたいために咲き出したんだなんてことは考えられないというんで、しず心なく。花のほうは何もそんな目的も何もなく、自分の与えられたそのまんまの自然をそこで咲かせてるだけで、その見てた人間のほうが喜ぶだけなんだから、花それ自身には心はないぞと、こういうふうに言うところから「しず心なく」と言うんでしょうけど。

いずれにしてもこの「物質心」と「植物心」は、さっきも言ったとおり、実在意識領に出て働かないで、心のお蔵の中である潜在意識の奥深くに潜んで働いてる心といいましょう、影も形も見せずに。

肉にくっついて働いてる心の中で心の表面に表われて盛んに活動する心は、第三の「動物心」。これが俗に言う「本能心」というやつなんですよ。「ああ、もう本能が」というあの本能心が動物心のことね。わかるかい？　これはもう一切のすべての動物が、その動物の肉体の生命の生存と生活を保つために必要とする一切の作用を司ってる心。

詳しく言えば、例えば肉体生命に存在する五官の感覚をはじめ、目だ、鼻だ、耳だ、舌だ、体だというものの持ってるそれぞれの異なる感覚をも支配して、だから動物心があるから、「あ、いい匂いがするな」とか「あ、痛えな」とか「あ、痒《かゆ》いな」とか「あ、きれいだな」とかね、「あ、うめえな」とかというふうに感じるんで、本能心がなかったらどんな御馳走食べたってちっともうまいとも感じず、どんなきれいなもの見たって、目がたとえそれ見ていても、本能心がキャッチしないときれいな景色を自分の実在意識の中にふうっと映さない。

ちょうど早い話が、いくらカメラのシャッターを切っても、フィルムに感光しなかったら何も写らないと同じ。ところが人間のほうは、フィルムに感光を受けるときの自然作用と同じようなものが心にある。それが生理科学で言うと知覚、「知覚作用」という。それから心理学でいうと「感応性能《かんのうせいのう》」とこういう。あんまり詳しく説明すると、あなた方その方面に対する研究知識がない人にはわからないから、ざっと話をしてるんですが。

それからさらに動物に共通的に存在する「原始欲望」というものもこの動物心である、本能心が支配している。動物に共通する原始欲望というものは三つある。これはもうコオロギ、バッタに至るまで、いやもっと、顕微鏡で見なきゃわからないバクテリアにもあります、ばい菌なんかにも。動いてるものを動物という。動けるものを動物という。

■動物に共通する三つの欲望

その動物に共通してる欲望が三つある。第一が「食欲」であります。つまりその生命を存続せしめるために、命の火を燃やす薪《たきぎ》、それが必要とせられる。火を燃やすのに薪が欲しいと思うのが食欲なんだよ。腹が減ったから食いたくなるのが食欲じゃないんだよ。腹が減ったというのは、つまり命を燃やす薪が欠乏したよという感じなんだよ。そうすると「俺はしょっちゅう欠乏してる」ってな人があるかもしれないけど、食欲、わかったか？

それから第二が「睡眠欲」。眠いってやつ、寝たいなあってやつ。これは消耗せられたエネルギーを復活せしめるために、宇宙エネルギーを取り入れるために生命が行なう生命それ自体の方法、これが睡眠であります。あれは眠いから寝るんだとあなた方思ってるが、むろん眠いから寝るんだけど、とにかく眠いという感じは生命の中でこのまま起きてちゃ生きられない、活力が足らなくなったから、その活力を仕入れようとする、その気持ちが出たときが眠いんだよ。だからよーく寝る人間というものは非常に丈夫だろ。始終活力が復活してきてるから。

その点ちょっと一言注意しときたいけど、よく寝られないと言ってからに、催眠剤を飲む人がある。あれは、傍《はた》から見ると寝てるように見えてるけれども、厳密な意味から行くと、自然に眠気を催して寝た睡眠とはおよそ内容に天地の隔たりがある。自然に寝た睡眠は足らなくなってる活力を宇宙エネルギーから、その生命の持ってる尊い働きでもってどんどん、どんどんまた取り入れます、命の中にね。だからよく寝ると前の日疲れていても、明くる日、またもう捲《けん》土《ど》重来《ちょうらい》働くだけの勢いが出てくんだろ。催眠薬のほうは、傍から見ると寝たように見えてるけれども、この活力を復活するという自然作用が働いてないんであります。

もっとはっきり言っちまうってえと、足らなくなった活力を十分に再び元の分量に取り戻そうとする、宇宙エネルギーから活力を取り入れるという尊い働きが行なわれてない。なぜだというと、自然の睡眠のときは同化作用てえのが全神経系統に生じてる。ところが催眠薬で寝たときには、この同化作用というものが働かないで、異化作用というのが働くんです。異化作用が働くってえと、よろしいか、受取主のバルブが塞《ふさ》がれてるのと同じと言っていい、何も受け取れない。

それはなんでそうなっちまうかというと、催眠薬飲んだときは大脳の知覚作用がただ麻痺するだけのことなんで、外観だけ見るといかにも寝たように思いますわ。知覚作用が麻痺してるから、寝たのと同じような状態にしか見えないもの。

だから、催眠薬で寝た人間を自然に寝てる人間だと思い違いするのは、デパートの着物着て立ってるあの人形を本当の人間だと思うと同じだっていうんだ。デパートで着物着て立ってる人形というものは、確かにみんな人間よりきれいな状態で立ってるわね。もっともあれがあんまりきれいすぎるもんですから、騙されて着物買うんでしょうなあ。自分の顔はちっとも考えないで、あら、まあ、よく似合うわ。似合うはずだね、顔がとてもきれいなんだ。それで自分が買ってきて着てみると、人形が着てるほど似合わないよ。お面が違う。

いずれにしろ、本当に寝てた人間は大脳の中が痺《しび》れてないわけよ。薬で寝た人間は大脳が痺れてしまう。だからそれはとにかくよけい分量飲めば死んじまうぐらいな反応がでるような、生命に危険を及ぼすもので存在してる催眠薬を飲んで、ほんとに寝たと思ってるような考え方してる奴は大馬鹿の大間抜けだよ。「そんなこと言ったって、寝られなかったら疲れる」と言うけども、それじゃあ、催眠薬飲んで寝たら明くる日疲れがすっかり治るか？　治りゃしませんよ。催眠薬で寝たときには前後の時間、長い時間寝たように思っても、明くる日頭が重いじゃないか。睡眠は自然こそよけれ。だから催眠薬飲んで寝てる癖つけてる奴は、どんなことしても長生きしやしません。

それから一番おっかないのは、いざ大病にかかったときに、その体の中に神が与えてくれたと言っていいような「自然良能」、英語で言うとnatural healing powerというものがなくなっちゃう。つまりひとりでに治す力の火の手が衰えちまう。だから催眠薬なんていうのは用いるべきものでないんです。

「と言っても寝られません」って言うけども、寝られなかったら起きてろよ。きっと寝られるから、どんな野郎でも、どんな強情な女でも。「寝られないで死んじゃったらどうしよう?」そんなら勝手に死にやがれ、そんなの。そんな人間生きてたってしょうがねえじゃねえか。寝るまで待ってろっていうのに、寝れるまで待てねえでもって、それで死んじゃったらどうしようなんて思ってる人間、これもう度し難き人間だもん。

それから第三の欲望は、これもやっぱりコオロギ、バッタからアメーバまである「性欲」。性欲というと、その方面にもう現在関係がなくて生きてるおばあちゃんやおじいちゃん、難しい顔して私の顔を見るんだが、そのおじいちゃん、おばあちゃん、みんな私の子どもぐらい若く、年を取ってないでいながら、もう衰えちゃってるんだねえ。かりそめならず卑《いや》しきに似たりといえども、こはこれまさに人倫《じんりん》の大本《たいほん》なり、といって難しい顔して言っていいくらいなもんなんだ、性欲。

これを汚い気持ちで聞くのは、結局要するに動物心で聴いてるから。もっとも動物心で聴くどころじゃねえ、動物心でしょっちゅう男女の営みやってる奴が多いんだからねえ。あの男女の営みというのは動物心で営むもんじゃありゃしない。それをあなた方はもう犬猫と同じような気持ちでもってメンとオンとが営んでるから、できるガキがろくなものできねえの当たり前だよ、これ。ことかりそめながら、最も神聖な気分でやらなきゃならない。

熊沢蕃山《くまざわばんざん》という人は夫婦の営みをするときは、しめ縄を張ってるお座敷に入って営んだそうだぜ。人間の持ってる一番麗しい純正な愛情の交換をする行為が、要するに性欲遂行の実際現象だ。それを犬や猫がシーズンに盛りがついたと同じような気分で男女の営みをするというのは、これはかりそめにも野蛮時代の人間ならともあれ、いわんやまして天地偉業の真理によって人生を生きることをしてる天風会員のなすべからざる計画だ。

幸いに、しかしながら古い会員がみんなこういう講演を聴くたびごとに、一言一句卑しくもせず、まったくそうだと思い改めてから後にできた子は、これはもう本当に天風っ子ってものは育ちが育てやすいために順調で、健康も申し分なく、その上非常に聡明でしょ。学校のできはいいし、みんな出世するわね。それは要するに性欲の遂行のときの心持が動物的でなくなってるからだよ。

しかしながら、元来がこれは動物に特有な子孫を繁栄せしめ、系統を相伝するというのが目的でもって人間に与えられた心だから、これが要するに動物心となって、動物心の中に入ってるんですよ。だからその行為を欲する場合は動物心で、その行為を欲する念慮《ねんりよ》を起こして、実行の場合は一番最後に説く霊性心でこれを行なわなきゃいけないんだよ。こんなことを教えてくれるのは天風先生だけだぜ。またそこまで研究してないもん、他の学者はね。

それからその他のいろいろの欲望や感情情念、それもこの動物心が支配してるんだよ。

さて、感情情念と一口に言うが、あなた方は特にこの消極的な感情情念、動物心の中にある己の心を極度に弱くする消極的の感情情念がおよそ幾通りあると思ってる？　それは微から細に渡るてえと、仏教のほうで言うと毛穴と同じ数あると言ってますね。「焦熱地獄は八万六千の煩悩より生ずる」って八万六千っていうのは毛穴をたとえた。暇な奴が勘定したのかね、毛穴が八万六千あるっていうの。

だいたいにおいて消極心となるものが、およそ結合すると二十数種類あります。つまり心を消極的にして人間の心を価値のないものにする劣悪な感情の素因を成すもの。

第一が「怒ること」だ。

第二が「怖れること」だ。

第三が「悲観すること」だ。

第四が「煩悶すること」だ。

第五は「苦労すること」。

第六番目が「悩むこと」。

七番目が「憂うること」。

それから「迷うこと」、八番目が。

九番目が「心配すること」。

十番目が「憎むこと」。みんなあんた方の得意なことばっかり書いてるね。

十一番目が「恨むこと」。

十二番目が「やきもちを焼くこと」。

十三番目があれが好きだ、これが嫌だって「排他すること」。ハイタって歯が痛いんじゃねえよ。

十四番目が「嫌うこと」。

十五番目が「復讐を思い立つこと」、仕返ししてやろうって。

十六番目が「人をあしざまに悪く言うこと」。女が三人寄るとたいてい笑い興じてるときにどんな話だと思えば、たいていこの悪口ばっかり。

それからやたらに「ものを疑うこと」。

十八番目が自分の心の鬼でもってすべてのことを「邪推すること」。

十九番目が心の落ち着き失って焦ること、「焦慮《しょうりょ》」。

二十番目が「不平」。

二十一番目が「不満」。これは私が書くより、あんた方がみんな知ってることなんだよ。

それから「自暴、やけくそ」、「自棄、捨て鉢」、これだけ。これはみんな動物心の中にあるの。

まだこの他にあなた方で、私の知らない動物心が折々時々心の中に飛んでくる人がありましょうけど、それも分割するとみんなこの二十三種類の中から生まれてくる心です。この中で第一の憤怒、それから第二の恐怖、第三の悲観と、それからずうっと向こうへ行ってやきもちを焼く心と敵討ちをするぞという気持ちと、それから好き嫌いを盛んに起こす心と、それからものを疑う心は、これは人間以外の動物にも共通してある心であります。

いいかい？　それから煩悶だとか、苦労だとか、悩むとか、憂うるとか、迷うとか、心配するとか、憎むとか、恨むとか、悪口を言うとか、嫌うとか、焦るとか、不平をするとか、不満を言うとか、自暴自棄に陥るのは、これは人間だけの持ってる動物心。だから現在何か自分の心の中に楽しからざる気分を感じている人は、この中のどれか知らんが、その心の中で去来してるからだ。

だからとにかく自分の心を暗くし、さわやかなものにしない思い方や考え方が心の中で浮かんでいたら、それはもう、とりもなおさず人間以外の他の動物が持ってる心と同じ心に今自分がなってるんだと。しかも区役所行くてえと、ちゃんと人間としての戸籍が登録してあるのに、区役所の帳簿だけが人間で、思ったり考えてることは王子の動物園へ入ってるものと五十歩百歩だということを考えなきゃダメだ。

■二色の心――②「心性心」～精神生命に付随する心～

それから次は精神生命についてる心。

第一が「理性心」だと言ったね。この理性心って心は人間だけしかない特別な心。人間以外の他の動物には絶対にないと言っていい。この理性心という心の作用の特徴は、人事世事一切の人間生活に関係する事柄に対して、「推理」と「考察」を行なうという働きを持ってる。これどういうわけだろう、こういう理屈じゃねえかな、いやあ、こうじゃねえかというふうにね。それからさらにまた物事の「批判」を施すという心の働きがある。いいとか悪いとか、厳密に言えば善悪、邪正、曲直、是非というような「判断」を行なう働きを持ってる。

それから同じ心の中に存在する心で、最後の「霊性心」。この心は人間の心の中で最も高級なもの。厳密に言うと、この心あればこそ、我々人間が万物の霊長といわれるのであります。詳しく言うと、別に学問しなくても経験しなくても、学問した人よりも経験のある人よりも、尊い思い方や考え方のできる、いわゆる霊感だとか霊智の作用だとか、霊能力というような特殊な心理現象、すべてこの霊性心から発動するんだ。だから神秘的な思想やあるいは優れた論理思索、または悟りを開くとか、確固不抜の信念牢固として抜くべからずというような状態などが出るのも、この尊い階級の霊性心という心から出る心理現象。

ところが天風会以外の人はと言うと、天風会員以外の人は怒るかもしれないけれども、ここにはいないからかまやしないけど、そういう人々はいろんな難しい理屈や議論をかれこれと筆や口にややこしくする割合に、この霊性心というようなものについてあまりにも知らなさすぎるぐらい知らないのであります。知らない証拠には、正しい理解持ってないもん。

もっともこれは無理もない訳もある。その無理もない訳というのは、この霊性心という尊い心は特別な生まれつきの人か、あるいはまた生まれつきはそうでもなくても、正しい方法で天風会の夏の修練会でやらせるような、あの正しい方法で秩序を乱さない精神訓練を施さないと、容易に随時随所心の表面に出てくれない心。そのために普通一般の人は、この心は自分たちにはないものだと思い込んじゃってるんだ。たまさか霊能力のある人を見ると、あれは特別な人だろうと。自分が経験しない人を見ると、「はあー、不思議だなこの人は」と思う。

世の中によく時々予言が的中するとか言い当てるとかという人見ると、自分と全然かけ離れた人間のように思うだろ。とんでもねえことだ。同じ人間だもん。頭の中が、脳みそが別に向こうのほうが塩気が多くて、こっちのほうが砂糖気《さとつけ》が多いわけでも何でもねえんだ。ただ彼らは先天的かあるいは何かのことによって、そういう力が啓発されただけ、訓練されただけなんだ。だからあなた方だって訓練すりゃ出てくる、その証拠には、夏の修練会わずか十日間でもう、後ろに立った人が何を思ってるってことはすぐわかるようになるじゃねえの。もうついこの間それを経験した人が、この中にいくらもいるだろ。

だから厳密な意味からいくと、この心は人間誰でもできるという信念がなきゃならないんだけども、今言ったとおり、平素人生に生きるとき、知らないために多くの人が使ってる心というのは、その大部分が動物心ばかりなんだ。それで時々あれがいいとか悪いとか、あるいはこうじゃねえか、ああじゃねえかっていう理屈でもってものを考える理性心が働いてるだけなんだ。

したがってこの霊性心なんていう尊いものをほとんど使うことなしに、貴重な人生を、再び繰り返すことのできないのに一ページ終わっちまう奴も随分あるんだぜ。その点だけ考えただけでも、恩を売るに似たりといえども売っていいと思う。天風会員になった幸せを考えなさいよ。

多くの人は、人間の心の中に霊性心というまことに優れた驚くべき特殊の作用を持つ、ありがたーい心があるということは気づかずにいるんであります。だから修練会十日間終わるてえと、みんな涙なくしては帰れない感激でしょ。「はあー、こんな、こんな心持があったのかということを知らなかった。それをとにかく知らせていただいて、まあ、なんとうれしいことだ」ってみんなそれはもうね。

もっともそれは、そういう心があるだろうと気のついてる人もないじゃないんですよ。それは数において少ないけども、よほど心を研究した人のそれは心持ちですけれども、しかし前に言ったような理由で、この心はとうてい我々みてえな凡俗には発現ができないと、こう思ってるから。

だからよく「これからの景気はどうなるでしょう」とか、「この仕事の将来性をみてください」とか「この先どうすればいいでしょう」って僕のとこへ聞きにくると、僕に怒られるだろ。

「何のためにおまえ天風会員になってるんだよ。自分でもってそのぐらいのことは感づくように、おまえは修練会やったのか？」

「はい」

「何度やったんだ」

「はい、二度やりました」

「二度やったら、おまえ、一遍教わってるじゃねえか。あの安定打坐《あんじょうだざ》（天風式坐禅法）をやれ。もっとやれ」

「やっちゃいるんですけど、先生、なかなか出ません」

「バカヤロウめ。出るときが来りゃぱっと出るから、自分で自分のこと考えろ。俺は人のこと考えるどころじゃない。他の人々の幸福を考えなきゃならない忙しいときだ。第一、俺がそれ考えてやったら、おまえ、いいことにして今後ともしょっちゅう俺に考えをしてくれ考えしてくれってくるだろ。おまえだけをたった一人会員にしてるんじゃないからいけない。いつまでも人に頼る心があっちゃいけない。天は自ら助くるもの助く。自分でやれ」

そうすると情けなさそうな顔して帰っていく奴があるけど、私は「天は自ら助くるものを助く」。Heaven helps them who help themselves. これがもう千古《せんこ》偽らざる真理であることを信じてますから、どこまでも自分で自分を守ってけ。人に頼っちゃいけない。いわんやまして神仏に。そのために自分で生きられる方法を教えてるじゃないかって言って、また小言言うでしょ。

つまり要するに、この力が発現しない人というのは、我々天風会員のように霊性心の発現に必要な精神訓練法やあるいは自己統御法、the method of the self-control、それを知らないから。もっとはっきり言うんなら、一般の世間の人というものは、あなた方の知ってるような、要するに修練会をした人々が知ってるような精神生命の生かし方とか、あるいは精神生命の統御法という人生を有意義に生かす大切な方法というものを知らない。ただ、その日その日の出来心で生きてる人ばかりが多いんであります。そうしてそういう人の心の中は、雑念妄念《ざつねんもうねん》が常にもうもうとして、心の花園は雑念妄念という雑草で生い茂ってる。それを整理することを知りません。

ところが、あなた方はこの雑念妄念を制御して、心の鏡を研ぎあげる「安定打坐法」という貴重な方法を修練会で教わってるけれども、世間の人はそんなこと知りやしねえもん。いわゆる安定打坐法という即座に無念無想になれる方法などは、普通の人間は知らないんですよ。知ってると思ったら大違いよ。現在あなた方、修練会に参加して初めてあれ聞いてびっくりしたんでしょ？　だから夢にも知らないから、当然この霊性心というものをどうしても自分らの手の届かないものに思い込んじゃってる。

だから修練会をまだしてない人は、来年もうすぐです。来年のことを言うと鬼が笑うというが、鬼なんか笑ったってかまわねえ。鬼なんかいくらでも笑わせとけ。これで来年はもう万障を投げ打って修練会に来てごらんよ。一遍味を占めると、どんな人も毎年夏の十日間だけは、どんなにしてもこの修練会やらずにはいられないということになりますから。そうすると、来りゃ来るほど、ますますもって心の鏡が研ぎあげられる、拭《ぬぐ》いあげられますからね。

とにかく煎じ詰めると、天風会で教えるような精神生命に関係する貴重な方法を知らない人というものは、心というものの本当の大きさ、同時に心というものの本当の霊妙な働きというものを極めて小さくせまーく憐れなものに考えてる。それを思うと、天風会員になったお方々、何遍言っても恩を着せるに似たりといえども恩着せていいと思う。幸せだなあと思うぜ、私は。

現在、私がインド行ってから二、三年の間苦労してそのまま一生懸命こういうことを研究して、なんとも形容できない本当にありがたい幸福を味わってることを考えてえと、ああ、よくぞ八年の間もあんな大きな業病《ごうびょう》に神様、俺をかからせてくだされたわ。あれにかかったばっかりに悟りを開く気持ちになったんだと思うとね、与えられた大きな事実に対して、それが私の人生を本当に尊くコンバーション（転換）させた契機だと思って、もう涙も出るほどの感謝をいつも感じてるのであります。

とにかく諸君が講習会や研修科やまたは修練会で、大昔からこれはもう地球上の人間という人間が思いもつかなかった方法や手段というものを教わって、すぐ応用できる結構な方法で会得せしめられて、そしてその結果、心というものは人間の生命はもちろん、人生の一切を現在よりも遥かに遥かに価値高くする、偉大にして霊妙な作用を持つものであるということが自覚し得て、その上のみならず、常にその作用を人生に正しく応用すれば、その人の人生はその生涯を通じて極めて有意義に生き甲斐のあるものになるということを、それはもう実際的に信念づけられちゃってる。

それで万物の霊長たるほんとの幸福というものはここにあるんだということを、あなた方は日々《にちにち》味わっていけるという幸福な人間になってるでしょ。またそうしたいのが、私のこうやって御奉公してる努力の中心なんだ。

とにかく、ないことをあるように言ってる教えじゃありません。人間の心というものをその働きの上から見るてえと、以上説明したような、これはもう実にありがたい分類と差別を持ってる。だからしっかりそういうことを心に置いとかないといけない。

■心に使われて生きてはならない

とにかく、以上のいずれの心がいったい人間に一番必要かというと、霊性心が常により多く発動してることが必要なんだが、しかし肉体についている動物心も、心についてる理性心も、これ不必要だからやめちまえというんじゃないよ。必要だから与えられているんだから、とにかく必要なときに実在意識領にその必要なものを引き出して、いろんなことを思わせたり考えさせたりしなきゃいけない。そうでないと、もう心の状態が乱調子に陥って、泣かなくてもいいときに泣いたり、怖れなくていいときに怖れたり、またさっき書いた二十数カ条の心を思わなくてもいいのに思ってくるような場合がしばしば出てくる。それで自分がしょっちゅう苦しまなきゃならない。

そうだろ。どんな物好きな人間でも、あんまり毎日暢気《のんき》でさわやかでもって人に羨まれてもいけないから、今日あたりはひとつ悲しんでやろうか、今日あたりはひとつ怖れてやろうかって思って怖れたり悲しんでる奴はねえだろ。秋の空とちっとも変らず、今まで別に腹も立ってなかったんだけど、急になんだか変なことが気になって腹が立ってきたというようなことになって、あなた方がぷりぷりし出すんだろ。

だからこれを考えてみたとき、人生を有意義に生きていこうと思うならば、どんな場合にも忘れてならないことは、いいか、いったいどの種類の心も、使って生きていかなきゃいけない、使われて生きちゃいけないということなんだ。

これ大切なことだぜ。あなた方は心に使われちまうからいけないんですよ。心と体というものは使って生きていくように必要なものだから、この命に与えられてある。それを何事ぞ、特にこの心というものがしょっちゅう価値のないことばかり思ったり考えたりしてるのは、心に使われてるからだぜ。

心というものは厳粛に言うと、生きるために使うので、使われるためにあるんじゃないんだから、これ忘れちゃダメだよ。それをあなた方はいくらなんぼ言っても、いざとなるてえと使われてるような状態になってるぜ。心に使われたら心配も煩悶も、もうとめどもなく心の中を暗くするだけだ。同じ物事に接触してる場合でも、その接触してるものと心との関係が、その心がその接触してるものを対象としていない、自分自身の生命を使い出したら、もうおしまいだから。

ところが、この忽《ゆるが》せにすることのできないことが、はっきりわかってない人が多いんだなあ。心に使われたら最後、人生はたちまちその価値を失う。その価値を失うのをたいていの人は、滑稽にも自分じゃ使ってるつもりで、なんと反対に心に使われてる場合のほうが多いんだぜ。これよーくその判断しなきゃダメよ、自分自身が。

私がこういうことを言うのは、いかに今の世の中に文化が多くの人の人生を恵んでるはずでありながら、恵まれてる奴が少ないだろ？　非文化時代になかったようなノイローゼだとか神経衰弱だなんて愚にもつかねえ病が、まるでそれはもう文化民族として当然の病のように思って、煩悶や悩みや悲観や苦労やあるいは怒りや怖れやという、さっき言ったあの二十数種類の消極的な感情どもを、もうのべつまくなし、あれこれあれこれと心に感じて生きる人がいかに多いかを見てみりゃすぐわかる。これすなわち、心に使われてるから。

だからそういう人は、どんな場合にも本当に明るく朗らかにいきいきとして勇ましく生きたいだろうけれども、生きられない。その反対の状態で生きてる。ということは、実際的に目に見える事実でもって感じると、前にも言ったとおり、「ああ、気の毒なこの人、使うべき心に反対に使われて生きてるからだ」ということがすぐ、これ私ばかりじゃなく、あなた方だって少し注意してみりゃすぐわかる。いや、他人事《ひとごと》じゃない。自分がそうかもしれないことに気がつくぜ。

もっともそれは、心の統御法を知らない、また知ろうとしても心掛けなきゃ漫然として人生に生きることになっちまうから、どうしても使って生きなきゃならない心に使われるのは致し方ないといえば言えるけども、しかしそれじゃあ、人生生きてる地獄だもん。そうだろ。煩悶だ、悲しみだ、怖れだ、迷いだってものがあるとき、心さわやかに感ずる奴はなかろうじゃないか。それともあれかね？「いや、何でもねえときは俺ちっともおもしろくねえんだよ。腹が立ったりよう、心配があったり悲観するようなことがあるってえと、なんとも言えねえ生き甲斐感じるんだ」という人があったら帰ってくれ。ここにいたってしょうがねえから。

とにかく、人生を暗くするような消極的な価値のない感情が心に浮かび上がったときに、それを非常に喜びを持って迎える人ないでしょ。神経過敏だとかノイローゼなんていうのは、結局それがとどのつまり散り積もった状態を言うんだぜ。だからそういう人というものは、心というものが、人間がその人生を完全に生きるために使う生命の道具として造物主が与えてくれたという大切なことをまじめに考えてないもん。

中には「心があるばっかりに人生苦労するんだ。嫌だ、嫌だ」なんて思ってる人がある。そうだろ？　だから、そういう人に限って煎じ詰めると肉体、この体を自分だとこう考えてますね。さもなきゃ少し気の利いた人間でも、心というものが自分の生命の支配権を持ってるように考え違いしちまうんでありあます。両方とも考え方は間違いであることは、六月の講演（研修科「我とはなんぞや」）を聴いた人は知ってるわね。体が自分でもなければ、さりとて心というものが自分でもないんだから、心に支配権ないんだよと。

けれども、そういうことを言ってもわからないほど、その方面に対する理解のない人は、なんのことはない、やっちゃいけない自己の生命の支配権を、その資格のない心というものに無条件で与えてしまってるのでありあます。知らないでやってるんですよ。

女中が縁もゆかりもなく赤の他人で、自分のうちに縁があって奉公に来た。そしたら来ると同時に、その一軒のすべての支配権をその女中にやっちゃって、それが当たり前だというふうに思って、それで御主人が女中にあべこべに使われていて、それが間違ってないと思うと同じ思い方が、その心に生命の全支配権を与えて生きてる人のことを言う。女中の話で言うてえと、「わたしゃそんなことしてない」と、また「する気遣いもない」と思ってるかもしれない。

女中の場合だけだよ。生命に対しては、どうしてもそういうことをやってること気がつかねえんですから、ね。そうするとどうなるかというと、とどのつまり、のべつ心に自己というものを使われちまうんですよ。使われたくなくても。多くの人が迷ったり悟れない苦しみを感じるのは、その理由はこの点にあるんですよ。自己の生命の支配権なるものは、心にあるんじゃないのをあるように思うからだ。

■万物の霊長たる生き方

自己の生命の支配権というものは、じゃ誰にあるんだ。哲学的な言葉だから、一言じゃわからないかもしれないけど、自己の生命の支配権は自己にある。哲学研究してる人なら、「ああ、そうだ」と思うけど、「その自己がわからねえから、こんにゃく問答じゃねえか。支配権は心にあるにあらずして、自己を支配するものは自己にある。その自己がわからねえのに自己にあるったって、さっぱりわからんわ」と、こう思ってるんだ。

しかし、おいおいわかるように説明するが、自己以外に自己の生命の支配を行なう権利を持ってるのは絶対にない。それで、その自己とはなんだってことを考えてごらん。自己とは何だ。自己とは学問的な言葉を使えば「真我《しんが》」と言います。本当の我。真我とは何だというと、生命の根本要素を成すところの霊魂と称する一つの気体が真我の本当の姿だ。形はないんだよ、本当の自分というものには。一つの気が自分なんですよ。それを、ただ現象界にその気を活動せしめるために一つの道具として与えられた肉体をなんと自分だと思っちゃってるんだ。

扇風機でわかるじゃないか。扇風機だけでもって形は扇風機と言えるけども、扇風機としての生命はないじゃないか。電気が通じなきゃダメじゃねえか。してみりゃ、扇風機の本質は電気にあるじゃないか。人間の場合だってそうだよ。いくら肉体だけあったって、その霊魂という気が肉体から離れりゃ、人間の肉体はそのまましゃっちょこばっちゃって血が循環しなくなっちゃって息が止まっちゃって、うっちゃっときゃ腐っちゃって、そのまま消えちまうじゃねえか。

だから、自分の生命の支配権は、この目に見えない気体である霊魂にあるんですよ。自己の本体は形ある肉体でもなきゃ、あの微妙な働きをかなう心でもなく、その一切を働かせる一番元の原動力的な存在として、目には見えないが実際的にあるところの霊魂という気体。

しかし、ここに特に諸君に注意しておきたいことは何かというと、在来の精神を説く学者や識者または宗教家の多くは、洋の東西を問わず、この心というものの神秘な点だけを重く考えて、心というものが人間の生命全体に対する支配権を持つものであるかのごとく説いてるという傾向が顕著にあるということ。これが現代人を迷いに陥れる元だとも言っていい。

第一、はっきり言おう。キリスト教でも仏教でもあるいは回教でも、彼らのお説教やバイブルやお経の本見りゃ、みんな心が一切の生命の主宰権であるように説いているだろ。いや、説いてるつもりでなく、説かれてる。しかも、この間違った断定が何千年という長い間、もっとも人間の知識がそこまで発達してなかったからでもありますけれども、少しも違いがないというふうに考えられて、正しい論議の如くに堂々と誤りを伝えて主張されてることは、現代の人間が文化かくのごとくクライマックスに達しても、いまだに心の方面だけが幼稚だという結果を来《きた》してる一番の素因だと言っていいんだよ。

それがために学者や識者がそう思ってるんだから、これに間違いないんだろうと。何か学者や識者というものが言ってることが、一言寸分間違いがないかのように思い込んじまうところに大きな誤りがある。学者や識者の言ってることに間違いがなかったら、一人の学者の言ったことが永久に訂正されないはずであります。

しかし、学者や識者が必ずしも正論を言ってないから、しばしば学者や識者の議論が訂正される。第一、医学者の毎年開かれる医学大会見てごらん。立派な議論で確定して間違いないこと言ってるものとしたら、医学大会なんか開く必要ないもんね。みんなほんとのこと言っちゃったんだから。けれど「どうもあの医者ああ言ってるけども、この点が少し疑わしい」とか、「この点に対してここの研究が足らねえ」とかということをみんな他の学者が、またその学説を根拠として研究したことを発表するのが、次から次へ毎年開かれる医学大会の発表でしょ。これ考えてごらん。

数学の公式のようにピタ－ッと決まったものは別だけども、こと人生に関する限りは、あの高等数学のdefinition（定義）のようなものは、多く世にある心や人生を考える学者や識者の間には、まだ一定したもので存在してないというのが事実であります。相変わらず、人生を考えるのに、いや肉体が本位だとか、やれ心が本位だとかといって、霊魂を中心として考えようとする学者があまりにも数において少ないというのが、もう既にそれをそうだと考えさせられやしませんか。

しかし、だから今も言ったとおり、学者や識者がどんなことを言おうと、それをそのまま絶対真理だと思うミステイクから、あなた方解脱《げだつ》しなきゃダメだぜ。私は多年、学者や識者に迷わされた。そうしてさらに私は、独自の哲学を自ら立ち上げて、こういう教えをあなた方に引き出したんだ。学者や識者の言うことがみんな本当だったら、何も別に私苦労しないでもって、もっともっと早く悟りを開いてたはずであります。

とにかく心というものには、断然自己及び自己の生命に対して支配権が与えられてあるんでありませんよ。いいかい？ それを支配権が与えられてあるように学者や識者が言うからといって、あなた方も思い込むとともとんでもないことだ。

いったい、学者や識者がそういうミステイクを敢えてしてるのは結局、肉体を自分だと思うがためなんです。肉体を自分だと思うと、どうしても心が自己の生命全体に対する支配者であるような気持ちになるんですよ、自然と。もっと詳しく言うと、おわかりになると思うが、今言ったとおり肉体を自分だと思うと、すぐさま肉体生命を本位にして働いてる動物心という心が、無制限に心の表面に暴れ出してくるんであります。

学問的に言えば、実在意識領域に動物心識が発動してくると言いましょうか。そしてこの心の働き場所である実在意識領を、我がもの顔に動物心のみが占領してしまうんであります。そしてその動物心、いわゆる本能心が生命全体の支配者であるが如くに無遠慮に振る舞い出す。いいかい？　すると、どうしても心が生命全体の支配者であるような気持ちにならせられてしまうんですよ。わかるだろ？

しかし、そんな気持ちになったら人生憐れ千万。気の毒以上の惨めなものになってしまう。なぜかというと、本能心だけで人生に生きるということになりゃしません？　そうだろ？　本能心だけで人生に生きるものは、人間以外の他の動物の生き方とまったく同然の生き方だもん。犬や猫や猿や豚と同じことになっちまう。かりそめにも万物の霊長たる人間の心には、さっきから何遍も言ってるとおり、本能心以外に理性心と霊性心とがある。それを本能心のみに実在意識領という心を働かせる場所を占領させちまうと、いきおい心が持つ融通性というものがなくなる。

仏教の上でも「無碍《むげ》にして自在《じざい》なるを得……」と言ってるでしょ。この無碍自在《むげじざい》というのは本能心だけ働かせちゃいけないぞということなんだ。本能心だけを心の全体として働かさせてると、今言ったとおり融通性がなくなると。極めてせまーい範囲とひくーい限度に拘束されてしまうんです。そうすると、もうとてもそれは惨めな惨めな人間ができちまうがな。

もう少しその理由を詳しく言って聞かせますが、本能心が実在意識領を占領すると、本能心の特有な本能的欲求という心理現象のみが、やたらに無制限に沸騰するように実在意識領を暴れ回るんであります。これ、現在のあなた方の多くがそうなんだぜ。他人事《ひとごと》のように聴いてるとバチが当たるぞ。

しかもこの本能心、本能的欲求というものは、満たされない場合が多いんであります。あれが欲しい、これが欲しいという本能的な欲望が心に燃え出しても、それは満たされない場合のほうが多いんですよ。すべてが満たされりゃ、人間には不平も不満もありゃしないわね。しかし、それは満たされないことのほうが多い。そうすると心の中に、自暴自棄だとか、ヤケクソや捨て鉢になる気持ちや不平不満、この心持ちがもうまたどんどん心の中をかき混ぜし出してきて、少しも感謝も喜びも人生に感じられないという気持ちになっちまう。

だからご覧なさい。不平や不満や自暴自棄に陥ってる奴は、何見ても何聞いてもおもしろくもなきゃうれしくもなく、ありがたくもない。生きてるのが辛いわというような気持ちを持ってる場合のほうが多いだろ。そうするとその当然の反動で、心の平静が失われます。心の力が極度に鈍るのであります、平静が失われると。

そうするとその結果、心と体とが離れない相関という関係にあるから当然の帰結で、やれ病で候《そうろう》の、やれ不運で候のと、なんと貴重なこの人生がやたら価値なくメチャメチャに汚くさせられちゃって、のべつひっきりなく心配だ苦労だ煩悶だ悲観だって、思っても嫌なものの虜《とりこ》となって生きなきゃならない。

しかしこれじゃ、人間何しにこの世に来たんだかわからねえ。そうでしょ？　そうして生きることが人間の目的で生まれてきたんならともかく、そうじゃないんですもん。もっともっと意義の尊い、進化向上という宇宙本来の目的を助成するために、この世に男であり女であり生まれてきたんだ、お互いにね。贅沢しに来たんでもなきゃ、うまいもの食いに来たんでもなきゃ、名を売るために来たんでもなきゃ、金儲けしに来たんでもなく、いわんやまして病み患《わずら》いをするために来たんでもなけりゃ、心配や煩悶するために来たんじゃねえじゃねえか。

Evolution（進化）とElevation（向上）という尊いことを実行するために、男も女も万物の霊長として犬や猫に優った働きを体にも心にも与えられて出てきたんだ。である以上は、万物に霊長たるの真価をあとう限り発揮して生きねばなりませんよ。それが本当だよ。

■雑念、妄念が消える

そこで、それがまさしく最も間違いのない真理だと気がついたら、諸君の今までの考え方を切り替えなきゃ。今さっき教えたどの種類の心であろうと、いいかい？　肉体本位に作用する本能心であろうと、また精神本位に作用する理性心であろうと、はたまた霊性心であろうと、すべての心を自分の生命の付属物、生きるがために必要な道具として、熟練した技師が精巧な機械を使うと同じように、自由にそれを使って生きる人間にならなきゃいけないんであります。わかるだろ？　そうして初めて万物の霊長たる人間の本来の面目が立派に発揮できるわけなんだ。

そうなるのにはだ、何をおいてもまず第一番に肉体を自己と思うような大間違いを厳格に訂正しなきゃダメです。この訂正が完全にできると、その正しい人生観が、自然と心に使われないようになってくるんだ。自己が肉体だと思ってる限りは、この人生観がいつもそれはコンマ以下にいますから。どういうわけで肉体が自己じゃないと思う心が出ると、心に使われなくなるかというと、肉体を自己だと思わなくなると、本当の自我、真我というものが目に見えない霊魂という、水にも火にも侵されないところの尊厳な気体だということが次第に分明してきます。

それは、朝晩やっぱりこの気体の命令で動いてる場合がある。朝起きた。何も目的なく起きたけども、今日はあそこ行ってみようかなと思うの、これは気が動いてあなた方を行かせてるんだろ。何も思わないのに体がさっさとそこへ行ったかい？　朝起きてどこにも行くつもりがねえのに気がついたらデパート行って、また気がついたら買いもしない品物持って帰ろうとしてたなんていうのは危ないよ、これ。

とにかく自分の正体が肉体でもない、心でもない、一つの気だということが次第に分明してくるのが不思議なんですよ。そうして同時に生命の支配権も、霊魂という気にあるんだなあということがはっきり悟れるようになりますぜ。そしてまた、そうなってくるというとありがたいことには、今まで知らないことはいいながら、なんとのべつまくなしに消極的な観念や思想の虜《とりこ》となって夜もろくろく安眠できず、そのため活力を減退し、心ならずも健康や運命を悪くしていたという愚かな生き方をしていたことが、我ながら実におかしくもあり、またくだらなくもあるように気がついてくる。

そしてまったく打って変ったように、心の中に雑念や妄念、邪念が発生しなくなるんです。ありがたいもんですぜ。それでまた発生してきても、それを思うように取捨分別することができるようになる。あっと、これいけないよ、出ちゃ。例えばここに乗っけちゃいけないもの、こっち置いといて、あ、これ出ておいでというふうに取捨分別ができるようになる。

そして常に、人生のいかなる出来事に直面しても、正々堂々と大手を振って、荘厳に雄大に人生の荒波の中を泳ぎ抜いていくことができるようになる。実際、この霊魂という一つの絶対的な力のある気が生命の一切に対して支配権を持つものだという真理を正しく自覚されると、そうなる。

さらにそれが信念になるてえと、もうこれは自分で自分のあり方に対し、跪《ひざまず》きたいような尊敬を感じるような尊い事実をしばしば直感できますよ。そうすると過去、まあ、こういうことをしなかった自分の生き方が、あまりにもデタラメで無謀でムチャクチャだったなということをつくづく感じる。

つまりこういうことを知らないで人生に生きてる人は、何のことはない、持たずといいものを誰にも頼まれもしないのに一生懸命持って、重い、重いと困ってるのと同様なことなんでしょうね。そういう人間がいたら、あなた方褒めるか笑うか。いつ見ても重いカバン提《さ》げてる奴見てからにだね、

「あなた、いつお目にかかってもその重いカバンをお持ちになってらっしゃいますが、そのカバンの中に何が入ってるんです」って。

「いやあ、別に何も入っちゃいませんけどもね、もう石ころ同様のものが入ってるんで」

「それ、始終お要り用なの？」

「いや、要りゃあしませんけどもね。それがまた妙なんですよ、私。これを持たないとなんだか気にかかってね、提げてるようなわけで」っていうときに、聞いてる人がそれ聞きながら「感心な人だね、こりゃま、とにかくよ、誰にも頼まれてないで役にも立たないものを持ってなきゃ気が済まねえって。俺にはできねえこった。ああ、見上げたもんだ」と思うかい？　いくらどんな至らない人でも、それ聞いてからに「アホかいな、こいつ」と、こう思うだろうが。

人がしてるとそう思いながら、あなた方がやってる場合には、ちっとも気がつかない。どうだい？　あなた方どうしても今それを思わなきゃ、また考えなきゃ、もう一分といえども現在が過ごせないというような大事なことを現在思ったり考えたりしてるかい？　たいていあんた方の腹を立てることや悲しいことや煩悶してることは、考えなくても考えてもどうでもいいようなことで、また考えても考えきれないことか、考えりゃ考えるほど自分の気持ちを悪くして、果ては健康や運命を悪くするようなことばかりじゃねえか。

それでもなおかつそう言っても、「それは先生、先生から見りゃそうかもしれないけど、もう我々凡夫《ぼんぷ》としてだ、これ考えずにいられないから考えてるんですよ。人のこっちゃあるまいし、自分のことだから」。変な言いぐさ。そんな自己弁護を真理が同情するか？　「そうか、そうか、よしよし。じゃ、おまえの場合は特別だから考えろ、考えろ」といって、考えさせて何も結果が悪くならなきゃいいけれども。考えろ、考えろと煽《おだ》てるように考えさせといて、結果きっと悪くなっちまう。

それをしも考えないで、人間がこういうことを思ったりこういうことを考えて、煩悶したり腹が立ったり悲観するのが、これは逃れることのできない、いわゆる人間の業《ごう》だと、こういうふうに思ってる人があるんですよ。こりゃあ笑えない、けっこう滑稽ですよ。それをやってたっていうことが気がつくときが来ますぜ。もう私なんかもインドで、何遍かほんとに冷や汗の出るような、誰もいなくても恥ずかしい思いを自分で感じたよ。本当に悔い改めるときは、誰もいなくても恥ずかしい気持ちになるのよ。

こういう話は、言わんがために言ってる話じゃないんですよ。事実において人生苦というものの九割九分は、よろしいか、入念に分析してみると、心を己の生命の生きるための道具として使わないで、反対にそれに使われているがためであるんですよ。生命に対する支配権を心が持つものと誤解しているからなんだ。もっとはっきり言うと、自分というものを知らず知らず、心の奴隷にしているために、年がら年じゅう煩悶苦悩というものに苦しめられているんですよ。

私は始終普通の人よりたくさんの人に会います。この中にいる人のなかでは一番私はよけい知己《ちき》持ってるでしょう。なぜかって、私の教えている人、もう既に数万人以上に達していますが、こっちは忘れてる人でも、みんな向こうじゃ覚えてますもんね。何十年も会わずにいた人が、私を見ると「あ、天風先生」、すぐ言うんだ。それ何がなし自分の心の中を明るくさせられた、うれしいインスピレーションを与えてくれた人を忘れるはずない。

ですから私はいろんなたくさん知己を持ってて、いろんなたくさんの人にしょっちゅう会ってますが、しかしその人々の中に、自分の心を自分の生命の道具として使って生きてるという本当の人間には、天風会以外の人間で本当に会ったことがないということが、誇張した言葉じゃないですよ。世間的には、「かあー、もう生き神様だ」とか「生き仏様だ」とか、「はあー、この人はもう生きながら人間でない偉い人だ」なんて言われる人に随分会いますよ。会っても五分経たないうち、「なんでえ、評判倒れじゃねえか」と思うような奴が多い。

この間東京で、ある政治界で有名な奴が、国会問題でもって自分のちょっと考えが足らないからっていって僕のところへ質問しに来てたときに、通りで大きなバスかあるいはトラックの大きなタイヤが破裂したんでバーンといったね。そうすると、電車道から程遠からないところに私の屋敷がある。それで後ろが大きな崖山になってますから、それに反響して往来の音は随分大きく響く。そうしたらその政治家、もう一生懸命に私の説明聞きながら、バッと驚きやがったから、

「どうしたい？」って言ったら、

「ああ、びっくりした」

「なんでびっくりしたの？　俺別におめえ、びっくりさせるようなことしなかった」

「あの音、先生聞こえないのか」

「バカヤロウ。音が聞こえないほど俺はツンボじゃねえや」

「あれで先生びくともしないのか」

「バカヤロウ。音聞いてびっくりしたら、少し腹具合の悪い奴の脇に座ってられっか」ってそう言ってやった。そしたら、

「やっぱりできてる人は違うなあ」と言うから、

「できてる人が違うんじゃねえや。できねえ人が違ってるんだ」、そう言ってやった。

「まったくそういうふうに度胸もねえ人間だから、見ろ、こんなつまらねえことも俺のとこへ聞きに来るんじゃねえか」って笑ってやったんだけども。

　それで「びっくりするのは、なぜいけないんです？」ってあなた方言うけど、びっくりするのは私だってするよ。私ね、心身統一法を徹底的に知ってるから、ものを感じなくなってるんじゃないんですよ。御冗談でしょ。軍事探偵したぐらいの人間ですもん、多情多恨だ。あなた方と違ってからに、感じでも何でも、もっと微細に感じますよ。

それでいて感情の虜《とりこ》にならないのはどういうわけだって言うと、そいつと心とを結びつけないだけなんだ。そりゃドカンと音がすりゃ、聞こえますよ。怒ること悲しいことやっぱり感じます。感じなきゃ石塔と同じこっちゃね。そんな人間になりたかったら心身統一法なんかやらないで、死んじまいな。そうすりゃ何も感じないで生きていかれっから。

ただ私のあなた方と違うところは、ばあーんと来たやつをあなた方、きゅーっと抱きしめるからいけねえ。私は必要のないことは雲煙過眼《うんえんかがん》（物事に執着しないこと）、太刀風《たちかぜ》三寸身をかわす。必要ないものはすうーっとこうしてかわしてしまえばそれでいい。例えば急行列車のような勢いのいいもんでも、ばーっと飛んできてもそいつに触れさえしなかったら、どうもねえだろ。それをあなた方はだ、小さな蠅《はえ》が飛んできてもこっちから突き当たるからいけないんで、ね。だからほら、いろんな理屈を知ってそうに見える奴でも、客観的には偉そうに見えたりする奴はいるけれど、本当に主観的に幸せで主観的にほんとにできてる奴というのは、ほとんどいないと言っていいような状態。天風会員は別ですよ。

だから私は、人間の肩書には頭下げないでしょ。例えば、「先生、ちょっとご紹介します。これ今有名な何々大臣です」なんて名刺出してきても、「あ、そう。まあ、これが御縁だ。私の話聞きたかったらお聞き」、こういう態度です。その代わり学生でも天風会員が来ると、「よく来たな。まあ、ゆっくり遊んでいけ」って言うんだ。だからよく大臣やあるいは皇族なんかを、これは紹介するほうも名誉に思って連れてきて、私がさぞかし敬意を払うだろうと、「俺の前には平伏させることできねえけど、一遍ぐらい先生を偉い奴に平伏させてやれ」なんて思って紹介する奴あるんだよ、バカヤロウめ。

■御前講演

私はね、天皇にお話を申し上げるときでも、決してあなた方に話しするときと、よろしいか、殊更《ことさら》に態度を乱しゃしない。

一番最初、私が御前講演の大命を降下されたときに、その当時は今と違いますぜ、皇室と言ったらもう非常な、とにかく生殺与奪《せいさつよだつ》の権を持ってたのだからね、その時分は。日本の陸海軍総数を動かす権力を持たれ、人間の命も罪なくしても天皇が殺せって言ったら殺していいだけの権利を持っておられる時代の天皇から、この講演の大命を降下されたときに、どんな学者でも日本国民である以上は無上の光栄名誉としてこれをお受けしたものであります。

当時の風習はそうだったんだ。今の若い者よく聞け。天皇をまともに見たら目がつぶれるというぐらいな気持ちをみんな持ってた。したがって天皇から一言何も言われなくても、露《つゆ》の命を天皇のために捧げることは男子一代の名誉だと、こういうふうに思ってた。今の青年が考えるてえと、まったくそれは腹抱えて笑うようなこと、まじめに考えてたんだぜ。

その時分にその大命を降下されると、学者はたいていもうかちんかちんに、まるで燻製《くんせい》のシャケみてえになっちまうんですよ、畏《おそ》れかしこんで。一代の言論家・新渡戸《にとべ》博士、それも慣れきってるはずなんだ、天皇のお側《そば》付きの学者なんだから、折あるごと時あるごとに天皇からいろいろの御質問があって、もう講演は慣れてるはずでいながら……。言葉で簡単な質問のあるときはさほどでもないのかもしれないけども、毎年の年初めのこの御講義初めのときなどはそうなんだ。

御前講演というのはだいたい普通は四十分と制限されてるんだ。四十分経つてえと、おとめの鈴というのが鳴ります。おとめの鈴というのは女の鈴じゃないんだよ。講演をそこでやめろという鈴がシュシュシュシュシュシューと金の鈴が鳴る。私の場合は二時間半「続けて、続けて」とおっしゃって、まことに光栄でしたが。

そして、そのとき講演の第一回が終わってから、帝国ホテルでひょいっと廊下で新渡戸さんに会った。もちろん最初の講演もそのそばにいて聴かれたんですが、

「いや、この間は御名誉なことです」

「いや、ありがとう存じました」

「しかし、驚きましたなあ。普通四十分でさえ御奉公満足にできるものがないのに、続けて、

続けてという御命令に先生二時間半淀みもなくおやりになったんだ。一番最初びっくりしましたよ、私は」って。

「何を?」

「だってあんなことを陛下に向かって言う人ない」って言うから、

「どんなことを?」

「お言いになったことお忘れになった?」

「いや、知ってますよ、自分で言ったことは。しかし別に大して私、変わったこと言ったつもりないけどね」

「いや、おっしゃった」って言うから
「ああ、あれですか」

これはこう言ったんだ、私。今まさにこれから御前講演をお聞かせする前に、儀式があるんです。今日のようなこういう講演の仕方ならこれ易しいけどね。差し渡し五尺ぐらいの丸テーブルがありまして、こっち側に陛下、こっち側に私というふうに、しかもその椅子が普通の椅子でなく、両端の高いソファであります。腰掛けるとドクーンと体が隠れちまうような椅子。

最初、侍従長が「陛下の御入御《ごにゅうぎょ》になりますまでは、椅子の右側にお立ちでお待ち受けを願います」とこう言う。つまり椅子の脇に立っててくれ。そして侍従長が「ただいまおなりでございます」と言うと、まもなく「しぃー、しぃー」という先払いの声であります。そうすると、侍従長が先導し参らせて、そのあと陛下が入ってくる、しずしずと。そうするとその満場に参列してる各位みんな起立、最敬礼であります。

それでこの丸テーブルの五間ばかり隔てたところの正面にお椅子を賜ってるのは各皇族並びに御連枝《ごれんし》、そしてその各皇族御連枝の後ろに侍従、武官が立ってる。だから間ぽかーんと五間ばかりの空き場なんです。あなた方もそれは青年諸君絶えずこの御名誉に接する場合もあるから、御参考にお話ししとく。

そして侍従長から前もってのおことわり。「陛下がお入りになると最敬礼で、それで人によって違いますが、黙って陛下が椅子にお腰掛けになってから無言のまま手をお出しになりましたら、そのままお椅子をちょうだいしなさい。お椅子ちょうだいのときに必ずお腰を八分目掛けるだけで御講義にお入りください。御講義に入るときに私から『ただいまから』ということを申し上げますから」。ややこしいことだと思ってね、この深々とした椅子に八分目腰掛けてろと言う。もっと硬い椅子くれりゃいいけども、硬い椅子だというと陛下を見下ろすようになるからいけないと、こういうんでしょ。それなら椅子くれないで立って話しさせりゃいいのに、陛下のほうから言うてえと、かりそめにも教えを受ける師に対する礼として、師を立たせといちゃいけないというのがまた思し召しだっていうけど、こいつは痛し痒しだよ、ね。

ところが私の場合は、これも新渡戸さんが言ったけど、「ああいうことは今までなかったんです」とおっしゃったようなお取り扱いがあった。右に立っておりまして頭下げておりますと、もっともそれはあとから承ったら、陛下の摂政宮時代の天皇学の講演は杉浦重剛翁と東郷平八郎元帥がなすってらっしゃった。

ところが、その杉浦重剛翁も東郷元帥も私の弟子でしょ。それでしょっちゅう「私の恩師の天風先生が」ということを言ってるのが動機でお召し被《こうむ》ってるんですから、つまり自分の恩師の恩師と思し召されていたがためでしょうけども、それで椅子の脇に立ってからに、陛下がお入りになってらしたから最敬礼し、そしたらまだ御自分が椅子に召されない先に「どうぞ」、丁寧に一言おっしゃったんだよ。

それをもっとも侍従長から言われてるんです。いきなり手を出されてもお声がかかっても、いきなり腰掛けちゃいけないっていう。三遍おっしゃるまで控えてくれ。もうややこしいもんなんだよ。だから「どうぞ」と言ったの、また頭を下げると、「どうぞ」。それでもまた頭下げたら三遍目に御自分が腰掛けられながら「どうぞ」。それから「ちょうだいします」。そして八分目というけど、八分目というやつは馬鹿に腰掛けにくいから、六分目にした。

そうしたら侍従長が来て、「ただいまから」とおっしゃいましたから、それから私、「講演に入りますに先立ち一部をお断り申し上げます。講演中、言語を改めます。さようお許しを」って。嫌だよ、「ござりたてまつる」「そうあそばして」「こうあそばして」なんて言ってるんじゃ、講演に時間がはかどらない。だから教える者は先生であり、教わる者は何であろうと弟子なんだから、「講演中、言語を改めます」と。これが新渡戸さんが初めて聞いた言葉だ。陛下のお召しを被って尊いお方に話をするのを、まあ、なんとどこに心臓があるか知らねえが、これから話をするときは言葉改めるからそう思えなんて、そんなこと言う奴はねえっていうんだよ。

それで新渡戸さんでさえ、四十分の講演のとき陛下からご質問があると一遍でどぎまぎとしちゃって、あとが言えなくなっちまうんだって。私の場合にはいくら質問しても、質問がないときはこっちから「おわかりになりましたでございましょうか」って必ずこっちから聞いてやる。それから見てて字の間違ったのお書きになると、「あ、その字はちょっとお間違え……」。だから極めて始めから打ち解けた気分でもってお教えすることができたんですが。

つまり、それもこれも結局、要するに私は心に使われないもん。私は私の心を使いながら人生の消息を説くので、身分なんかに打たれやしませんよ。尊敬すべき点は疎かにしませんけれども、ねえ。私はできてる人の前だったら学生にだって頭下げ、できねえ奴はどんな身分の人だったって私の弟子だから、結局要するに教えようとして取り扱いますもん。

とにかくいろんな人に会うけども、本当にこの人はと思って一遍で頭下げていいような人に会ったことないんだよ。「これはおまえの自惚《うぬぼ》れだろう」と言うけど、自惚れでない証拠には、会員には随分頭下げるだろ。会員には「先生、そんなにもったいないご挨拶受けちゃ痛み入ります」なんて会員がいるじゃねえか。

とにかく偉い人の少ないのは、絶対に霊魂という気が自分だなんて思っていない人の多い証拠だ。

だから今も言ったとおり、人生その生活を尊い意義あるものにしようと思うんなら、肉体は自己と思うような大間違いを訂正しなきゃいかんぜ。そして自己というものは心より超越した心の主人であり、決して心の奴隷でも従者でもないと。したがって心に使われるべきでなく、いかなる場合にも心を立派に使って生きると。これが完全な人間、これが真人《しんじん》だ。そういう人間をつくりたいがために、私はこうやって一生懸命講演してるんだもんね。

■心を使いこなすのは「理性」ではなく「意志」

しからばです。そういう完全な人、心を生命の道具として立派に使いこなしていく人となるのにはどうすりゃいいか。私はいつでもhow to doまで教えなきゃ気が済まない男だ。たいていの人はここでやめちまうんですよ。「わかりましたね。ですから今日から心を入れ替えて、肉体を自分と思わないようにして生きなさい」、それでわがこと終われりというような顔してとくとくと下がっていくのが学者です。私はそれじゃ気が済まないもん。わかってる人もあるだろうけど、わからない人が一人でもあっちゃいけないと思うから。

どうすりゃいいんだろう、心を生命の道具として使いこなしていける人間になるのには？ そういう人間になるのには、心を道具として使っていく権能《けんのう》のあるものを心に呼び出さなきゃいけないんだ。権能のあるものを呼び出さないで、心だけを動くに任せていると、ちょうど、たとえて言えば野球のチームに監督がいないで、コーチもいないで、それでやたらにただ強いチーム作ろうったって作れないでしょ。それと同じようなことになっちまう。つまり、いくら心を思うように使おうと思っても、実在意識領に心を使いこなしていける権能のあるものが呼び出されない限りはダメですよ。

たった今耳にされたとおり、各種の心の中でも特にこの動物心というやつが、本能心のことだね、こいつが実在意識領を占領して我がものいっぱいに振る舞い出すんですから、今この心出ろ、この心は出るなというふうに指揮命令を行なう権能のあるものが心の表面に呼び出されないてえと、害を振るう横着なわがままな奴だけがいきなり飛び出してからに、心の尊い花園を暴れ回り出す。そうして肉体の要求に対してはほとんど無制限、それで無自覚にそれを要求しようとする。何のことはない、山から捕まえたての訓練施さない子猿が、きれいなお座敷へ放たれたと同じ結果が来ちまう。あなた方の心だよ、それが。

だから、こうした重大な事実を考えるとき、何を置いてもそうしたことのないように、よろしいか、必要なために置いてある本能心だけれど、必要以上に働かせちゃいけない。絶対に働かせちゃいけないというんじゃないよ。本能心が絶対に働かなかったら、死んじまうぜ。腹減ってても腹減ったと言わない、もの食いたくても食いたいという気持ちが起こらなかったら死んじまうがな。

だから必要な、ある制限の限界を超えない状態に本能心を使って、本能心のみだりの跋扈《ばっこ》を許さないようにするには、要するに権能を呼び出さなきゃいけない。立派に心を使いこなしていく、権能というとわからなきゃ権力のあるものをね、力あるものと言ったら余計わかるか。

それじゃあ、その心を使いこなしていく力のあるものは何だと言うと、霊魂についてる「意志」というものを呼び出さなきゃいけないんです。西洋の「知・情・意」じゃありませんよ、この意志は。霊魂についてる霊魂付属の固有性能なんだ。

この意志というもの以外に心を立派に使いこなしていける力あるものは絶対に他にないんだ。だから結局要するに「心こそ心迷わす心なれ。心に心、心許すな」と言って、心にしょっちゅう自分が使われてる奴は、この力ある意志というものが心の表面に呼び出されていないがためなんだよ。

ところが学者や識者はここに論点を置かないで、なんとねえ、心というものを支配する力があるのは「理性」というものだというふうに考えてる人がある。理性というのはものの善し悪しを分別することができても、使いこなしていく力はない。ちょうど何のことはない、わがまないたずら小僧を理屈ばっかり言って、子どもが言うことを聞かない、貫禄のない、口やかましい先生に預けたようなもんだ。理性というやつはただ人間だけにあって、動物にはない心ではあるけれど、それはいいとか悪いとか、あれがこうだとかああだとかということを考えるだけの力だけで、そう考えたからこうしなきゃいけない、ああ考えたからこうしなきゃいけないという、この抑えつける権利はない、力は。

ところが学者っていうものはわからねえからでしょうけれども、ただ机の上だけの議論でもって自分の考え方をまとめてるから、本能心のような肉体本位の無反省の乱暴な心は、この理性心でもってちゃんと制御していけっていうんですが、こいつはできないよ。

だから、私の言ってるようなことをわからない人は、何かそれが大変いい教え方のように思って、彼は子どもや生徒や使用人を訓戒するときでもねえ、「いいと悪いがわかったら、なぜ悪いことしないでもって、いいことしないんだ」なんてこと言って小言言ってる人があるだろ。「無教育の人間じゃなし、教育受けてながらなんだ！」ってなこと言ってるけど、それは親が小言言うまでもなく、先生が小言言うまでもなく、ほんとは大して学問しなくたって、いい悪いは誰だって知ってるもん。そうだろ。嘘ついていいとか、泥棒していいとかって思う奴は一人もいやしねえ。

泥棒だって本心良心があっていい悪いがわかるからこそ、夜中来るんだもん。いい悪いがわからなかったら、泥棒はもう昼間公然と来ますよ。「俺は食うに困ってるんで、だから俺は商売替えして泥棒になったんだ。名刺にちゃんと書いてあるだろ。こうやって株式会社で泥棒やってるんだ。だからおい、今日、なんか持っていくぜ」って持っていくがな。いい悪いがわかってるから夜中に抜き足差し足で来るんじゃねえか。

だから、もうそんな馬鹿馬鹿しい考え方をほんとのように思ってる考え方は、私は断然反対するぜ。そんなことで人間の心がやり直せるもんかい。それを親でも教師でも先輩でも、「悪いと思ったことする奴あるか。君の常識はどこにあるんだ」なんてなこと言ってるが、小言言う奴より言われる奴のほうが、もっと優れた常識持ってるかもしれん。自分でも悪いと思いながら、どうしても悪いこと思ったり考えたりしたりするんだって困ってる奴が多いんだ。

理性心というものは、それは人間だけに与えられた物事の善し悪しを判別する働きを持ってるから、これは尊いに違いありませんよ。尊いには違いないけども、しかしですよ、理性心というものには心を統御する力というものは少しもない。反省を促すだけでもって、また促し切れないものなんだ。理性心の持つ力はいい悪いだけだ。人生に生ずる事柄を対象に論理的に施して、それはいいよ、悪いよとかということだけなんだ。限定された働きしかない。だから哲学的な言葉を使うと、理性心というものの持つ力は相対的なんだ。絶対的じゃない。

したがって、本能心を統御し支配し得る絶対的な力は全然ない。それをそう考えないで、学者はあるように言うんだから、今も言ったとおりできない相談。だから結局はダメですよ。理屈知ってる人間が本能心を立派に統御できたら、学者や識者はみんな気楽にできてるはずだが、どっこいそうじゃねえじゃねえか。

心を完全に操縦し、又これを完全に支配する威力を有するものは、実に意志なるものよりほかには絶対にない。意志なるものが、心の働きの一切を統率する最高なる統率者なんです。

そもそも意志というものは、元来真我の属性なんですから、意志そのものは非常に強いもので、俗に意志が強いとか弱いとかいうのは、これは意志そのものの強弱をいうのではなくして、意志の力の発現の強いか弱いかを指していってるんだよ。

ですから我々が第一に当面の急務として知らなきゃならないことは、意志の力をもって完全に自己の心を操縦するべく、如何にすれば意志の力を発現させることが出来るかという実際的な手段です。それはどういうことかというと、第一に意志の集中ということを現実にする修練をして、意志の力の発現を容易にする習慣をつけるということ。

これに関する実際の理解は「精神統一の実修に関する理解と注意力の訓練」ということを述

べるときにお話しいたしますが、いずれにしても、意志の力は意志の集中を実現するべく習慣づけると、極めて自由にそして極めて強固に発現するようになる。そして意志の力が一度完全に発現すれば、心は自由にこの命令に服従し、又自由に支配されることが出来るようになり、任意の操縦ができるようになるんだ。

ただし、くれぐれも注意しなければならないことは、決して急ぐなかれということです。このことはすこぶる重要なことなんで、一朝一夕《いっちょういっせき》、目的の彼岸に達することは容易ではない。くたびれたら休み、進歩を焦るのではなく、むしろ一歩一歩を堅実に進むことをお奨めする。

梅花の馥郁《ふくいく》たるや蓋《けだ》し、霜、雪、霰の寒苦を経たるが故であることを悟って、徐々として堅実なれ、と敢えて申し上げる。

第四章

生きる心構え

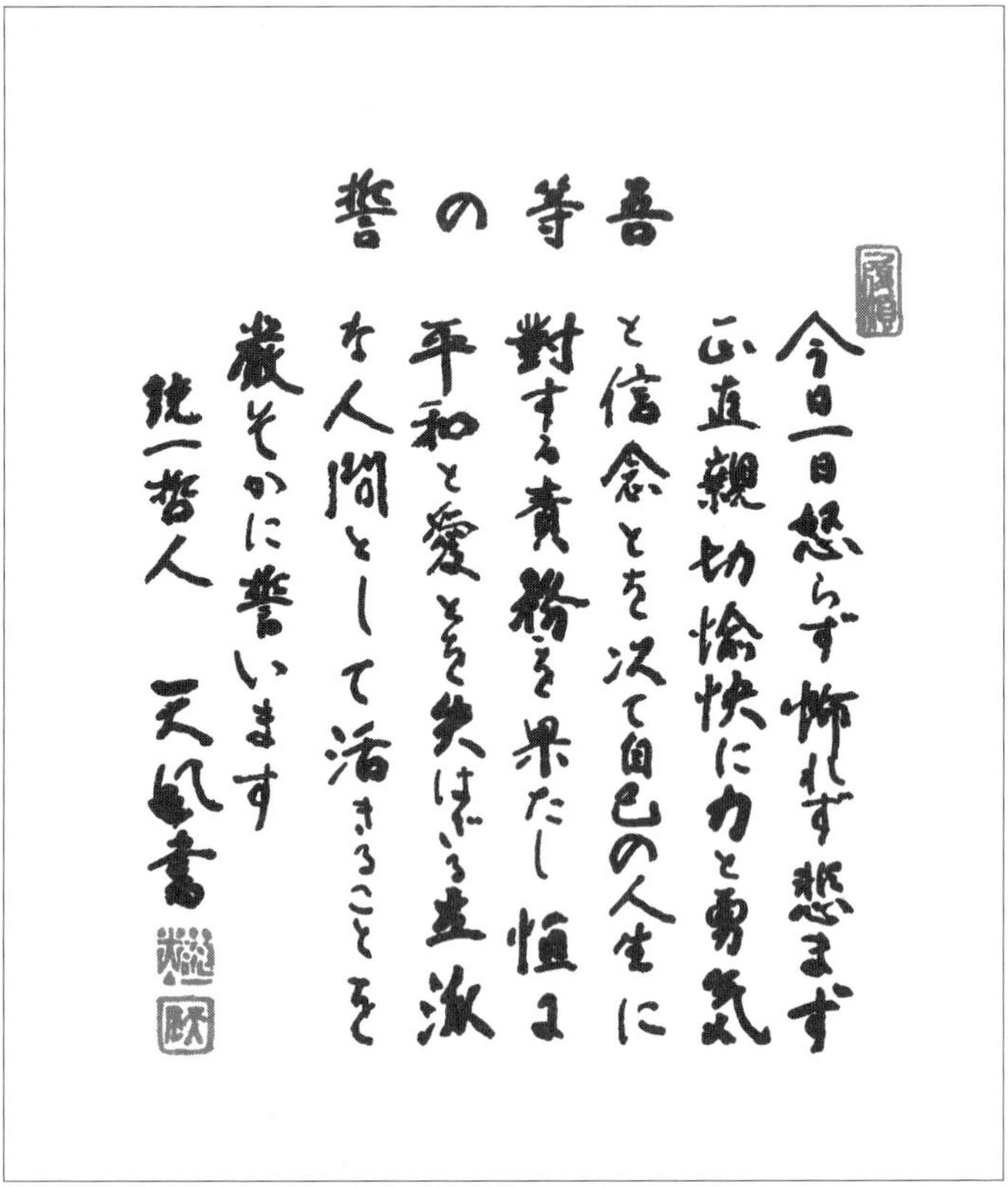
吾等の誓
今日一日 怒らず 怖れず 悲しまず
正直 親切 愉快に 力と勇氣
と信念とを以て自己の人生に
對する責務を果たし 恒に
平和と愛とを失はざる立派
な人間として活きることを
嚴そかに誓います
統一哲人 天風書

「吾等の誓」

■生きる心構え

本日の演題は「生きる心構え」。極めて何やらこう意味ありげな言葉であるかのごとく感じられもし、また、考えようによると、極めて何かこうあなた方の知りきっていることを特に麗々しく演題に出したようにもお感じになるかもしれませんが。

遠慮ない言葉で申し上げると、あなた方は確かに現在、人生に生きておられる、生きておられるけれども、はたして「生きる心構え」というものが正しく用意されて、日日《にちにち》の人生に生きておられるや否や？

ご自分でこれはお考えになっても、あるいはわからないかもしれません。どんな人間にも身《み》贔屓《びいき》と自惚《うぬぼ》れがあります。そして自分自身省みて、大して筋道の間違っているように思えない生き方をしているであろうように思っている人たちは、こういう演題を見られた刹那といえども、自分には別に大して必要ない演題のようにお考えになるかもしれません。

もっとも、お集まりの中に相当人生を研究した人だとか、あるいは人生苦楽幾十年の尊い歴史を苦い味わいで味わってきた人だとか、また年は若くても、生まれつき不幸にして病弱で、いつまで経っても丈夫な人生を味わい得ずに生きてきた人などは、大なり小なり、はっきりヒントをお掴みにならなくても、なにか自分の生きる上への心構えの落ち度がありゃしないかというふうな、要するに自己自身に対する反省を厳かにされる傾向を持っていますが、そうでない人は、どうも自己の人生に対する反省というものを全然持たないではありますまいが、持たれても、それが非常に厳格には持たないんですね。

特に暮らすのに別にたいして困らない、生活に豊かさを持ってる人であるとか、あるいは健康も相当恵まれているというような人は、真理の上から見ると、この真理に対する反逆者とまでは言わないまでも、かなり真理の外で生きていることがしばしばあると言っていいような生き方をしておられる人が多いのであります。

でもそれは、ご自分じゃ気がつかない場合が多いでしょう。けれど真理は峻厳にして犯すべからず。万が一にでも間違った生き方に対する心構えが用意されないと、たちまち事実があなた方に反省を促しているんだが、その事実が自分の人生の中に発生しても、反省を促している造物主《ぞうぶつしゅ》の無言の啓示だというふうに考える人は極めて少ないんであります。

その反省を促す事実とはいかにと言えば、病なり不運なりであります。どうも現代の文化教養を受けている理知階級は、人生に犯すべかざる「コンペンセーション（報償）の法則」があるということに対して、正しい自覚を持っていないかのような傾向があると、私はしばしば事実で感じせしめられるんですよ。

いかに時代が進もうと、もっともっと文化は深さの知れない進歩をしてくるに違いありません。ここのところわずか二十年ばかりの最近の世の中の移り変わり、あるいは世の中の進歩の事実を見ても、これは実際驚くべきものがある。ことほどさように将来においても、この趨勢《すうせい》は無論繰り返されながらいくに違いない。

いかに驚くべき事実があるかということは、静かにあなた方がわずか二十年前からこんにちまでを考えてごらんなさい。お若いお方はあまりそういう方面に味わうべき時間が少なかったから、二十年前に生れた人は今年二十歳ですから、十ぐらいまでの十年間というものはそうしみじみと、その前を知らないから比較の対象がありませんけれども。御年配はみんなよくおわかりになりますでしょうね。

今我々のどこの家庭にでもあるであろうラジオなんていうものも、御年配は考えてごらんなさい、いつからあったかということを。文化の進歩というものは実に驚くべき事実を我々に見せているんですが、尊さに慣れちまうと、この変化の非常に恵まれてきたあとを振り返ることは、あまり容易にしないんですな。

我々、あなた方よりも一日の長を成して長生きをしております人間には、このたったわずか八十年間の人生の中に、思い半ばに過ぎるなんていう言葉で形容のできないような移り変わりがあるのであります。

こんなことお話しするてえと、あなた方の世界になかったことだから、興味が薄いかもしれないけど、我々の学生時代に勉強したときには、お皿の中に入れた菜種《なたね》の油に灯心《とうしん》を二本入れて、それに明かりを点《つ》けたので勉強したもんです。そうなんですよ。私は明治九年に生まれた人間ですから。そして頭山満先生のもとで書生をしておりました。新米は二本だけ灯心がある。一年以上経過すると灯心が一本増える。もちろんこの灯心を四本以上にはしないが、四本の灯心というと灯心という言葉は使わなくても、「あの人は四本さんだから」とこう言うんですよ。こんな言葉、今考えても吹き出したいような思い出の滑稽ですが。

それがまもなく、豆ランプというものができるようになった。もう御年配みんな御承知でしょうな。あれで勉強したときに、なんて明るいもんだろうなあと思ったんですよ。今ごろ豆ランプなんか見せたって、あなた方「こんなもの、明かりになるかい」とおっしゃるだろう。豆ランプも使ったのは一年ぐらいかなあ。まもなく今度は二分芯のランプというの、これは明るかった。もう二分芯以上のランプは学生は使うことできなかった。その時分には家庭が三分芯あるいは五分芯、贅沢な家行くてえと、空気入りランプなんて昼間のように明るかった。

明治二十三年に上野で内国博覧会が開けたときに、アークライトというのができた。

「なんだい、そのアークライトっていうのは」

「下で新聞が読めるんだよ」

「へえー、じゃ、行ってみようか」ってんで、上野の博物館の前です。

ガスから今度は電気灯というのができた。今の電灯の初歩時代、電気灯と言ったもんです、だから剥《は》げた頭の人をよくその時分に「あれは電気灯だよ」と言って、その時分には今みたいなあんな明るい電灯じゃなかった。それでも明るかった、ランプよりはね。

それが今ともなるとどうです。学生が本読むんだって、「暗いじゃないか、おい。もう一つ点けてくれよ」って、勉強してて。それでもうはっきり見えるから目も丈夫かと思えば、みんな目がダメになっちゃう。我々みたいに灯心でもって勉強した奴は、子どものとき目なんか悪くないですよ。「だって、おまえ、今メガネかけてるじゃないか」。八十になりゃメガネかけますよ。おまけに右の目は見えないいんだから。

日露戦争の折、軍事探偵として、ハルピン郊外で死刑の宣告を受けましたときに、不思議な運命によって救われたその刹那に、爆弾の爆風のあおりを受けまして。不思議なもんですな、左のほうから来た爆風で人間の体というものは、体じゃなく物理の一つのこれはアイロニックな現象じゃないんでしょうか、左から爆風が来たのに左側は何もないんですよ。体のみんな右側が悪くなっちゃった。目は右側が見えなくなって、歯がまた右側だけ上下みんな最初ダメになっちゃった。それでも左の目が確かですから、いまだに不自由なくやってますが。それから体の内部がそれも原因だろうと思いますが、右の肺が侵されまして、それで今でも五分の二ぐ

らい空洞があるのでありますﾞ、

脱線したようですが、明かりの暗いときにはみんな目がよくて、明かりが明るくなるとみんな目が悪くなる。かつて私インドの山の中にいましたとき、インドの山の中では全然、灯火《ともしび》というものが使えません。夜が明けりゃ目覚ませ、日が暮れたらすぐ寝ちまえって、これがその自然の生活でしょうかね。そこの人間は、それはもう恐ろしいヒョウやトラと同じように闇でもこうやって目が見えるんですよ。

もっとも私も片目ではあったけれども、軍事探偵している時分に満州や蒙古の山奥では電気もガスもランプもありゃしません。慣れというものは恐ろしいもので、闇でも目が見えるようになるんですな。

ですから文化生活というもの、ある意味において非常に不自由ですわ。おかげ様で今でもぱっと電灯でも切れるとき、みんなが、「あ、真っ暗だ、真っ暗だ」ってやってるとき、ひょっと目つぶってひょいっと目開けると、昔取った杵柄《きねづか》で「マッチそこにあるじゃねえか」。これだけはたいへん便利を得てます。

とにかく明かりの方面だけを考えてみても、驚くべき進歩がここのところ来てるでしょ。まして今言ったラジオ。大正十二、三年ごろ関東の震災時分には、お医者の聴診器みたいのを耳に当てて、鉱石ラジオってやつを聴いてたんだ。「今、義太夫やってる、義太夫やってる」

「俺にも貸せよ」って言って、一人だけっきゃ聞かれないですから。

それがもうこのごろともなるてえと、

「どこだい、うるせえの」

「ラジオよう」

「なに？　横丁の金物屋かい？　行って頼んでこいよ。うちに病人があるからもう少し音を小さくしてくれ」なんてね。

半町も先のラジオさえうるさく聞こえるような、世の中になっちゃったでしょ。

それでまあ、ねえ、そんなことができるのかいなんて、あのテレビジョンの話なんかを昔、終戦の直前でしたよ。今に映画を小さくしたようなものを座敷で座って見られるんだってさ。その時分にぼちぼちと電送写真というものの話はあったんですがね、こんなにも早くこのテレビジョンというものが見られるとは思やしない。

ですから今にこれで十年も経ったら、空想じゃない本当の現実としてからに、電灯の如きものも「昔はあれだってねえ。電球が上から吊るされてたっていうじゃねえか。今みたいに夜になりゃ、ちゃんと壁が光って明るくなるなんてことはなかったんだな」なんていうような話になりゃしないかと思うほどね、考えてみると世の中どんどん、どんどん進歩してますわな。

■運命の種は自分で蒔いている

ところが、人間それ自身の生活状態からずうっと考えてみると、今言ったコンペンセーションに対する自覚の如きは進歩もしなきゃ退歩もしないで、昔ながらの、さながらそのままの有り様であるのじゃなかろうかと思わせるような形跡を、私、顕著な事実としていつも認めてるんですよ。

それは病になったり運命が悪くなった場合、己が蒔いた種に花が咲き実が成って、かくあるんだということは気がつかずにいますよ。いかがです？　病になったり不運になったりしたとき、おおむね多くのあなた方の考え方は、「罪は自分にあるんじゃない。かくなった責任は私じゃない」と、こういうふうに考えていやしませんか？　風邪一つ引くんだって、自分が蒔《ま》いた種に花が咲いた。でもそういう場合に、自分に種蒔いた覚えがないというてえと、これは自分に何の責任もないと思う。

「風邪引いたのか。どうして？」「どうしてってわかるかい。知ってて風邪引きゃあ、おまえ、もの好きじゃねえか。目が覚めたら風邪引いてたんだよ」なんてなことを平気で言う人がありますね。それが文化の教養を受けた人間なんだ。ましていわんや事業に失敗したり商売をうまくやれなかった人間なんかは、決して自分にその責めを負って考えようとする人はいませんぜ。
「汗水垂らして、おまえさん、人の寝る間も寝ないで働いてたってね、時勢だよ。こういう時代だ、おまえ、儲からねえのが当たりめえじゃねえか。ああ、やだ、やだ、こんな世の中」なんてね。それじゃ、みんな嫌がってるかと思うと、中には成功してる奴もある。そういう人間をとっ捕まえて「あんな奴なんていうものは運だよ。結局要するに勧業債券（今の宝くじ）の当たるようなもんだ。あんちくしょうだって成功するつもりで成功したんじゃないよ。気がついたら成功してたんだ。ま、万人の中で一人成功して、あとの九九九九人は失敗するんだよ。それが当たり前だ」なんて変な、まったくそれも間違ってないことのように考えてる人がいやしませんか。

どんなことであろうと、事の大小は問いません。自分が知る知らざるとも問わない。すべての人生の出来事は偶然に生じたもんじゃありません。アクシデントというものは必ず自己が知る知らざるとを問わず、自己が蒔いた種に花が咲き、実が成った。それが今日の演題にぴったり合ってるのであります。「生きる心構え」というものに、正しい自覚が、そして反省が常に油断なく行なわれていないで生きてると、全然自分が気のつかないような種を健康的や運命的な方面へと蒔いちまうんだ。

エマーソンという哲学者が言いました。「もっとも優れた人間は、常に自分の人生の出来事を自分がいつか知らない間に自分の心で求めていたんだと思わなきゃいかんぞ」と。これは非常に意味の深い、そして厳しい反省を我々の、ともすれば無頓着に生きようとする心へ促してる音の大きな警鐘だと考えざるを得ないんである。

よく考えてみなさい。誰でもが人生どんな場合になろうと、病になりたいとか不運になりたいとかって請い願う者ありゃしないでしょ。たまにはどうです？　患ってみたいなんていうような気持ちになられますか。「ここんとこ二、三年、薬飲まないねえ。近所に医者がいるんだけど、気の毒だなあ。付き合いもしてないで。誰か患わねえか」なんていって思う家庭はなかろうと思うがどうです？　不運においてもしかりであります。

それほど嫌いな不健康や不運命を、嫌いならば自分の人生に招き寄せなきゃいいんだが、なんと招き寄せるつもりなくして招き寄せて、あたら何ものにも換えがたい貴重な人生をスポイル（台無しに）している人がどれだけあるかわからないということを、事実においてあなた方感じませんか。いや、それは他人《ひと》のことじゃない。ご自分で考えてほしい。

私もお恥ずかしいが、こんにちかようなことを偉そうに言っておりますが、中年にして八年間、しかも私のはもういつ何どき死んでしまうかわからない重体を続けた八年。喀血《かっけつ》は実に三十八回やりまして、しかもその量はいつでも丼に一杯ぐらいの血が吐かれてたと思う。そして苦患《くげん》の試練を受けておりますから、より一層それから今の現在までは日日《にちにち》が反省、反省の繰り返しで、生きる努力で毎日を生活しておりますために、おかげ様で医者が診るとびっくりする体なんであります。

少し旧聞《きゅうぶん》に属しますが、昭和の二十五年に北海道へ行きまして、札幌の医科大学の先生三人が、「一つ我々の医学上の参考に、先生のお体を診せていただきたい」と言うから、「さあさ、ご覧なさい」と。札幌へ行ってからにレントゲンにかけたりいろんなことをして、半日ばかり医者のオモチャみたいにされちゃって、もちろん晩に御馳走になったから、あんまり苦情も言えませんから。

それから小樽で講演会やったんですよ。そうしたら五日ばかり経ちまして小樽へその三人、レントゲンの写真持ってやってきた。そして写真見せる前に、一番先輩の医者だったが、

「先生、医者として遠慮のないことを申し上げますので、御無礼なことを申し上げるかもしれませんがお許しを願います」

「ああ、いやいや、もう何も御心配なく」

「先生、無理してやしませんか」とこう言う。

「何?」

「いやあ、やせ我慢でおやりになってちゃ長生きできませんぜ。驚いた、レントゲン見ちゃっ

て、三人とも、あれじゃいつ死んじまうかわからないから、いっそ無理な講演なんかお止めしようじゃないかと今日やってきたようなわけなんで。先生、何も先生が演壇に出なくても、お弟子で先生ぐらいしゃべれる者あるだろうから、先生はただしゃべるネタだけを書いて渡しておおきになるぐらいにして、あんまりおしゃべりにならんほうがいいだろう。釈迦に説法するようですが、先生の肺は先生御存じでしょうな、右のほうがほとんど役に立たずにいるのは」

「知ってるよ」

「堅固な肺を持っててさえ、数時間に渡る講演、水も飲まずにまくし立ててからに、呼吸に非常に良くない刺激を与えるような環境をつくれば、きっと肺臓と臓器はその影響を被ってる。そっとしときなされ。せっかくの御修養によって得た体力でもって長生きもできようと思うのに、惜しいと思うからお止めしに来ました」って言うから、

「長生きというのはいったいおまえたち、いくつぐらいまで生きるのを長生きだと言ってるんだ」と言ったら
「いや、七十を越さなきゃ、先生」って、

「俺もう七十越してるよ」

「え！　ほんとですか」って言うから、

「おめえ、歳ばかりはできるだけ若く言いたいんだけど、どうしようもねえ。嘘つけない。七

十五だ」って言ったらそのときで五年前。

「ええー！　わたくしたちは先生はまだ六十を越しても一つか二つ、ひょいとするてえと頭しょっちゅう使う人だから歳よりは老けてみえるんじゃねえか。あるいは五十八、九じゃないかって噂したんですがね。そうですか」って言う。

「なんだ、弟子になって俺の歳知らなかったの？」

「へえ、今月入ったんでわからないんですけど」

そのぐらい言われてる。早い話が、医者から見れば、極めて危なっかしいと思われるような体を持ちながら、自己自身は少しも「疲れた」とか「くたびれた」とか「おお、しんどい」なんていう、そういう気分を感じたことのない日日《にちにち》を極めて朗らかに勇ましくいきいきとして生きております。それは結局要するに、八年間の病弱の苦患の味をもう再び繰り返したくない、私は。それいつも笑いながら話す。「世界中のカネやるから、もう一遍あの患いをちょいとひと月でいいからやらねえか」って言われて、「それはもうとんでもねえ。御免被《こうむ》る」と。

■ロックフェラーが示した関心

終戦後、私はアメリカのロックフェラーからもうこんにちまで数回の招聘《しょうへい》を受けておるのであります。これはあまりにも世の中に知れ渡った事実ですから、皆さんもお聞きになったことがありましょう。

ロックフェラーという人は、非常に人生の幸福を建設することを一番先にすることが、世界の秩序を回復し、同時に世界の平和を建設する何よりの一番先の大事な問題だということを、特にまだまだ世の中がこういうふうな変てこに世界的にならない前から気がついていたという、極めて尊い篤志家《とくしか》であります。

世界の生物学者といいますからもう東洋も西洋もありません。生物学者として一国において権威を持っている学者を集めて、もう現在で四〇〇名からいるんですよ。それで人類の福祉増進のためという研究所を持っております。四〇〇人の学者がお互いにその尊い知能を絞って、健康や運命の上へ常に福音置かれたしという事柄を事実に顕現せしめんがための研究を継続しているということは世界著名な事実ですが、その四〇〇人の学者がいる研究所を持ちながら、何のために、しかも敗戦国の一老学究を首に縄付けても引っ張ってきたいような熱心さで「アメリカに来てくれ、アメリカに来てくれ」と言うその理由は、極めて簡単なとこから出発してるんですが、この簡単なことが決して簡単な事実じゃないことも、考え出したらすぐおわかりになるでしょうが。

今世界にいる学者には、これは今とばかり言いますまい、古来からという言葉のほうが大袈裟でなく事実ですから。人生を考えるという学者は、もう昔から幾人もいたんですよ。しかし、これだけ文化がクライマックスに達したかの如く見える現代でも、こと人生に関する限りは、肝心要《かんじんかなめ》なことがまだ本当に彼らの研究の努力によってそのキーを掴まれていないんであります。

その肝心要なこととは何だというと、how to doということなんです。生命や人生に関するところの統御だとか、あるいは生き方というようなことに対するところの理論的方面は、ほとんど完膚《かんぷ》なきまで彼らの研究の努力によって成し遂げられているという言葉は決してお追従《ついしょう》じゃない言葉。

だが肝心要なことが、今言ったhow to do。これが誰にでも知らされて、誰にでも行なわれるような、要するに組織で発見されてない。もうこれは、こう言ってる言葉のうちに、あなた方も確かにそうだと頷《うなず》ける人がありゃしませんか？

特に精神的方面、how to sayという方面には非常に深さを深めて、いろいろと脚色せられた言葉も学者によって発見せられ、また発明せられてます。さりながら、その言葉どおりのそれじゃあ、精神生命をつくるにはどうするかということが、一番これは肝心な問題だが、こいつが解決つけられてない。

卑近な例が、心を正しく麗しく清く尊く持てというぐらいのことは、今さらながら新しい人間の心に対する念願でもなければ、また希望でもありませんな。洋の東西を問わず、時の古今と言わず、宗教と言わず、また修養法と言わず、一様に皆その次第は心を本位としてつくられて、心を度外視してつくられた宗教もなければ、また修養法もあろうはずありません。そして説き方こそ違え、教義の組織も違うかもしれないが、結局conclusion（結論）は、心を正しく麗しく強く尊く持てというところにみんな帰結されてるでしょ。

もう既に何千年も前からキリストも言ってる、マホメットも言ってる、釈迦も言ってる、孔子も言ってる、孟子も言ってる。皆あらゆる学者識者は一様に口を揃えて、これは正しいことなんだから同じことを言ってる。しかし、その尊い心の在り方に対する希望だけはあっても、「こうすればそうなれるよ」という言葉で教えてる教えが、この世界のどこに一つでもあるでしょうか。

いささか自慢を申し上げるようだが、それが天風会の誇りであり、またそれが天風会のプリンシプル（原則・信条）であり、そのプリンシプルを常に教義のイデオロギーとしているという点にロックフェラーは一番大きな関心を持った。

私がスターズ・アンド・ストライプス（米軍新聞）の記者を集めて講演をしたときに、その会にロックフェラー三世も来て聴いてた。まさか、あんな貧弱なふうをしてる人が世界一の金持ちだとは見受けられないような質素ななりでした。日本人の一番貧乏人が着るような服着てるんですからね。こんにちあたり拝見するてえと、この服着てからに今英国やアメリカ行ったら、そりゃあもうどんな紳士に会っても負けないような立派な服着てる人がお集まりの中にかなりよけいいらっしゃるが、皮肉を申し上げてるわけじゃござんせんけど。

その後、私帝国ホテルでいっしょに飯を食ってるときに、彼が「おまえの着てる服はいったい何年ごろ前にこさえたんだ」と尋ねるから、「さあ、これ六年ぐらいかな。流行を追いたくないから」と言ったら、「流行なんていうものは飛び離れた慌て者のすることなんで、流行を追わなくても寒さ暑さにこれで差し支えないよ」と。

「自家用の自動車は？」と言ったら、「私はねえ、全世界に自動車会社を何百と持ってる。各社でこしらえる自動車をみんな持ったら大変だっていうんだ、私。クルマを置くところだけこしらえて、私の住むとこなくなっちまうじゃないか。それよりは一本表に出て手を挙げりゃ、すぐカネさえ出しゃあ、誰でも乗せてくれる自動車が来る。いわゆるハイヤーに乗ってるんですよ」。自家用持ってない。体裁をつくって、うちのなか火の車回すようにして、自動車なんか持ってる奴もなきにあらずでしょう。

ニューヨークの彼の本宅はというと、アパートを二、三室ただ借りてる。もっとも自分たち夫婦と子どもはみんな別居させてます。そして女中が二人いるっきりだ。それで本人に聞くと、「俺のことを世界一の金持ちだって言うけど、俺は俺のカネがいくらあるかわからないんだ」。そしたらマダムが、「私たちの一番不幸なことは、私たちの自由になし得るパース（財布）の中にいくらあるかということを知らないことであります」。粋な答えですね。自分の収支がわからねえんだ。なってみたくない？　そして笑いながら「おそらく世界中の税務署の役人が調べても、私の収入も支出もわからないでしょ」とこう言ったよ。

ことほどさように、驚くなんていう言葉で形容できないでしょ。びっくりするって言葉もダメでしょ。訳のわからない、とにかく茫然《ぼうぜん》たる状態で考えなきゃならないほどにカネも持ちすぎると、あんまり嬉しかありませんな、これ。お互いそこいくと楽じゃねえか。たったいま空《そら》でも覚えてるもん、自分の懐《ふところ》の中。

■一〇〇万人の付和雷同者《ふわらいどう》よりも、ただ一人のリアリストを

最初に私が――いろいろ話がまちまちになりますけれど――スターズ・アンド・ストライプスの記者クラブの招聘を受けました原因からお話ししましょう。これも今日の演題の何かに当たっていくかと思います。これはもう世間周知の事実ですが、ただ曲解されないように、何か自己を宣伝せんがためにというような気持ちで言うように聴いておられると、どうもすべてがみんなそういうふうに解釈されますから。

私は宣伝嫌いの男で、私の会というのはですからどんな場合があっても宣伝しないでしょ？　ただ救われた人々の喜びのご紹介で集まる人が次から次へ私のお弟子になるというような状態で、地味な時代遅れのやり方やってるの。私は「一〇〇万人の付和雷同《ふわらいどう》者よりも、ただ一人のリアリストを希望する」というのが、私のこの道を説く始めからの念願だ。

ですから、広告的な意味で言ってるんじゃありませんよ。ありのままの事実をそのまま率直に申し上げるんです。

私は昭和十六年十二月八日、「朕《ちん》、米英に戦いを宣す」というあの詔勅《しょうちょく》の下ったとき、あ、これで日本が危なくすると滅亡するぞと、刹那に私のインスピレーションは感じたんであります。

あのとき以来、私は声を放って泣いたことはありません。日本に正しい自覚を持つ政治家がいないのか。本当に世界の趨勢を見破る軍人はいないのか。これで戦いを開いたらいったいどうなる。勝てると思ってやってるかもしれないけど、勝てっこない戦いだ。いわんやまして正義に名を借りてからに、「東洋平和を名として戦いを開く」と軍閥も政治家も言ってるけど、何が平和だ。いったい何が正義なんだ。

そうして盧溝橋《ろこうきょう》事件が起きると、総理大臣の近衛が、この事変は事変にとどめて拡大しないとラジオで放送したんですが、我々のような政治に関係のない人間でも、これは拡大しないではいられないだろうと思いますよ。いえ、自然の趨勢がこれ拡大しちまうわ。石油でもって火を付けて、石油を片付けないでこの火事は大きくなりませんと言っているようなものだ。

これは黙して止むべけんやと思ったから、早速あくる日、青山の青山会館を借りて、「総理大臣、近衛文麿は嘘つき」と言って講演したら、一週間勾留くっちゃった。その時知らないで勾留しといてからに、私が皇族講演の講師ってことが分かったら、今度はもう警察幹部が来て謝るんだ、どうもこのたびの勾留は内緒にしてくれって。

とにかく、それからの四カ年間、この四カ年間が私の人生の歴史の中で、それこそもう非常に苦難の毎日でした。なぜかといえば、あくまでもこの戦争に反対しなきゃいられない私の気分は、どんな場合があっても、この戦争に少しでも賛成するような言葉吐けません。もしや演壇に立ったら、もう口を極めて時の政府や軍閥の悪口言ってるもんですから、こりゃしょっちゅう私に憲兵が二人ずつ付いてる。

もっとも憲兵っていってもかわいいもんで、もう二年目ぐらいから友だちになっちまってね、友だちになるよりはもう「先生、先生」って言って。もっとも、どこの料理屋へも同行し、御馳走に何度も連れていくもんですから、もう私に、ちょうどサメにくっついてるあの小さい魚みてえなもんで、何も私のために不利益になることは報告しなくなっちゃったんですが。しかし、もう手を変え品を変えて弾圧を受けましたぜ。

ですからおかげ様で、戦争が終わってから、言論家の中でたった一人私だけでしょ、パージ受けないの。私は受けておりません。徳富蘇峰《とくとみそほう》、これは言論界の先輩であります。戦争が終わってまもなく、徳富蘇峰が一番先に電話かけてきました。「軍人より政治家よりも、この戦争に関していろいろ国家に協調した言論家のほうが先に捕まるらしい。あなたはつとに日本主義の忠君愛国を唱えてた人だ。おそらくあなたが一番先だろうぜ」と、こう言うんですよ。「だから御用心を」。

ちょうど私あのときに宮中におりまして、昭和二十年の一月から特に侍従次長の官舎に「おまえは当分いるほうがよかろう」という思し召しで、外に出りゃとにかく憲兵がつきまとってるんですから。

しかし、不思議な国家ですなあ。戦争に反対している人間が宮中でもって、直接天皇の御保護を受けるなんて。考えてごらん、天皇は始めからこの戦争に実はご賛成なさらなかったということもうかがい知ることができよう。

そして徳富蘇峰が忠告すると同時に、今度は広田弘毅が、これは私の同郷の後輩であります。これがわざわざ宮内省の官舎へ来て、玄関のところへ来て、「何人《なんぴと》がもうお耳に入れてるかもしれませんが、どうも言論家が一番先にやられるらしいので、ご注意を願いたい。宗教家でももう見境がなくアメリカはとっ捕まえるらしいですから」。

勝てば官軍、負ければこれが、普段各々が持ってた信念や主張は、こういう場合に知る人ぞ知る。それでいいじゃねえか。すべては天に任せなさい。お互いに用心すればいいんだ。用心なら別に何の用心もありません。来いっちゃ行けばいいだけなんですからね。

そしたら世の中妙なもんじゃないか。まもなく広田が連れていかれちゃった。注意しに来た奴が一番先行って死んじまうなんてね。そうするとまもなく、また徳富蘇峰が連れていかれて、これは無事に命だけは助かってあとで釈放されましたが。以来こんにち既に十有余年、いっこうまだ呼びに来ないとこみると、もう行かないでしょう。

笑えない滑稽な話がある。昭和二十年のちょうど今月の初めで、「明日は天長節だな昔の」と言ってる十一月の二日。けたたましく電話のベルが鳴った、その日ちょうど私は、大谷という元の皇宮警察部長の官舎に碁を打ちに行ってた。そうすると「なんだか英語でもってテンプウ、テンプウって声が聞こえるんですが」って取次の人が言ってきたから、大谷君が「じゃ、俺出よう」って言って大谷君出た。そしてなんか二言三言言ってるうちに、顔の色真っ青にしてきて、

「先生、いよいよ来た、いよいよ。いよいよ来たよ」って言うから、

「何が来たんだよ」

「今ねえ、ＧＨＱから電話だ。それで『そこに天風って人いるか。宮内省のほうに電話かけた

らこの官舎へ来てるっていうので、今電話をかけてるんだが、いるんなら電話口に出てくれ』って言ってますぜ」

「そうか。じゃ、出ようか」

別に私なんとも思わないで出た。

それから出ると、流暢なアメリカ語で「あんたがグレーター・テンプウか」って言うから、

「そうだ」

そしたら「今非常にお忙しいか」と言うから、

「いや、この頃は毎日暇だ」

「お忙しくないんならお差し支えのない限り、明日《みようにち》でよければ明日にしてほしいんだ。しかし、御都合悪けりゃ明後日《みようごにち》でもいい。朝九時にお迎えを出すからＧＨＱまで来てくれんか」

と。

「用事はそれだけか」

「それだけだ」

電話切っちゃった。

「なんだおまえ、なんだかＧＨＱからな、朝九時までに来てくれってだけのことだよ。別におまえ、顔色変えることはねえんだ」

「いや、それですよ。先生気がつかないけれども、いよいよ先生やられる」とこう言うんだ。「だっておまえ、巣鴨行く奴はたいていあれだぜ、MPが来てジープってやつ持ってきてよ、それで警察の署長がたいてい呼びに来て一緒に行くらしいじゃないか。GHQで呼ぶってえのはおかしいや」

「それが大物だからGHQで呼ぶ」

それもそうかいなとは思ったものの、半信半疑だよ。

そうすると明くる日の朝、時間どおりに、アイケルバーガー中将の旗下《きか》の大佐が清らかな制服着て、そのとき初めてね、久し振りにというよりむしろ生まれて初めて新しいアメリカのモダンな車に乗った。

連れて行かれてGHQの、今でも覚えてる二階の第一公式応接所に通された。そして、うまいお菓子とうまいコーヒー。今は別にあんなものあったって、うまいとは思わないけど、何しろ、昭和二十年の暮っていったらね、一番物のないときで何もありゃしないもん。

「中将はちょっと今急な用事ができまして、失礼ですが三十分ばかりお待たせすることをお許しを願いたいと言っておりますから」と言って、迎えに来た大佐が非常に何くれとなくサービス。日本の軍人の横柄な態度とは大違いだ。

別にアメリカ褒めたかないけれどもね、事実だ。しょうがない。実にそのサービスが痒《かゆ》いところに手が届くのよ。それでやがて三十分ばかり経って、ニコニコニコニコ、日本贔屓《びいき》の中将ではありますけどもね、もうそれは軍人のような態度じゃないんですよ、愛嬌たっぷりでね。「お忙しいところをわざわざお出で願って。こちらからね、メッセンジャーあげても片づく用ではありますけど、一遍あなたというお方にお目にかかりたくてお出でを願った」と言う。ばかにこれは、パージ受けるにしちゃ少し風向きが違う。

そして「さ、どうぞ、私の部屋へ」。それから部屋へ行ったら、いきなり免状みたいな紙出して、「御迷惑でしょうけども、少しの間でもおよろしいですから、ひとつ」と言いながら出したの。これひょいと見るてえと、ＣＰＣ（民間財産管理局）のコミッションアドバイザーをお願いしたいという辞令のようなもんでしょうな。その時分には、英語と日本語のわかる担当がいない、というところからだと思ったんですが、「それの理由じゃない」って言ってました、あとで。もう一つ大きな、「アメリカの受けた、あなたからの大きな恩義に対する御恩報じだ」というようなことを言ってくれましたね。これもあとで説明しますが。

それから「私はパージにかかる戦犯者じゃないんですか？」と言ったら、「いや、日本の言論界中あなただけは、むしろ我々は非常に正しい道を歩まれた人として尊敬するものであります」と言って、笑いながら「Look over there」と。

ひょいと見ると、そこにうず高い書類が積んである。日本の憲兵司令部から押収してきたものらしい。その一番上に、私に見せるためにもう用意してあるんで、それ取って見せるてえと、日本の憲兵司令部が、この中村天風をアメリカのスパイであり国賊であるという。口に正義を唱えながら、アメリカに款《かん》を通じている。一番卑近な証拠には、というのはそれが吹き出すような証拠なの、「B29が東京の空に飛んでくると、彼は家族一同と物干しの上に上がって、しきりにハンケチを振るってB29の航路を指示した」という。よういわんわ。日本の役人なんていうものは、頭どうかしてやがるんじゃねえかと思うんだよ。

それはお説のとおり、私をはじめうちの者みんなB29が来るてえと、二階の一番てっぺんにこさえてある物干し櫓《やぐら》の上にみんなで上がって眺めてた。しかし、いくらアメリカにどんな望遠鏡があるか知らないが、二里も上の上空から、下のほうの物干しの櫓のとこでハンケチ振ってる人間なんかの指図を受けなきゃ飛べないと思ってるところに、浅はかなとこがあるんだ、日本人。

しかし妙なことがスパイだと言われるもとですなあ。そしてもう口を極めて日本を悪く言い、もう折あるごとに時あるごとに非戦論を唱え、国家が戦争の意思を持って結合しようとするときに、彼一人はこれはもう何の恨みがあるのか、日本を悪く言って、そして巧みに皇室に取り入って陛下をさえ欺瞞《ぎまん》してるっていうんですから、恐ろしい悪人になっちゃったよ、私。これが、戦争が無事に勝ったとするでしょ。そうすると今月こんにち、お目にかかる機会なんかなかったかもしれん。一番先にやられちゃうんですから。

ところが私は、最初から何もかくあることも予感して、政府に向かって盾《たて》ついたんじゃない。戦いはあくまでも正義で行なうべし。そして同時に勝つべき場合に戦わなかったら、いたずらに損失を国民に与えやせんかと。同時に国体を護持する上にも大きな支障が来ると、こう思ったから私反対したんだ。

ところがこれだけの人間がいながら、表立って反対する人は本当に少なかった。あとになって俺も反対した、俺も反対したなんて変なこと言う奴があるけど、本当に反対したの私の知る限り六人しかいないんですよ。元の内閣総理大臣であった若槻禮次郎と、それから岡田啓介。二・二六で刺されようとした。それから米内海軍大将（米内光政）。それから民間では私の恩師・頭山満翁に、私の弟分の中野正剛、それから私きりだ。他に誰がいったい反対した？　この戦争に。あとになって俺も反対したって言うけども、嘘つきやがれ。みんなパージ受けてるじゃねえか。

八千万か一億か知りませんけども、これだけの数多くの日本人がいても、真に日本というものを考えた人間がたった六人しかいなかったかと思うときに、なるほど、この戦争が勝てないのは当たり前ですよ。頭から勝てない戦争を勝とうとしてる戦争なんですから、勝てないのは当たり前の上に、本当に国家の将来を見破ってる人間がいなかったことが、また大きな、これはもう行なうべからざる場合に変なこと行なっちゃったという過失を敢えてしたんであります。

ですから頭から私は、もうこの戦争というのを折あるごとに時あるごとに非難してきた。だから会員のなかには、非常に私を思うもんだから、「それはまあ、先生の思うこと、考えることに嘘はない、偽りはなかろうけども、とにかく国家がこういうような状態になってるときに、あんまり多くおっしゃりすぎるてえことは、先生のためによくなかろうから、ある程度の加減なすったほうがいい」と。これは師を思う気持ちで言うんでしょうが、「いや、バカこけ。たとえ今舌引っこ抜かれても、俺は言うべきことは言う。それはなぜかというと、私は死んだ後に天風という奴はそのときの都合によってからに、自分の利害得失でもって言葉変えたなんて言われたら、弟子がかわいそうだ。このまま殺されてもいいから、俺は言うんだ」と。

古い会員みんな御承知でしょ？　「勝った、勝ったなんて煽《おだ》てられて喜ぶな。今にどえらいことが起きるぞ、日本っていう国は」としょっちゅう言っていた。誰もそのときにそのどえらいことを負けることだと思いやしねえ。暢気《のんき》なこと言ってる奴は、「今に南洋を征服すると、往来がみんなゴムになるよ」って。よう言わんわ、ほんとに。

■天風ならではの人類愛

そうして戦争もだんだん過熱になってからに、東京が五月二十五日の大空爆によって全滅。その晩ちょうど私は、茨城県に妻や子を疎開させていましたので、土曜日から日曜にかけてそこへ行くことになって行った夜、明け方にＢ29の搭乗員である飛行中尉が、私の家族の疎開してるすぐ脇の田んぼへ不時着した。これも結局は何かの因縁でしょう。

それをお百姓が発見して、寄ってたかって袋叩きにしちゃったんですがね。日本人ってのは野蛮だねえ。戦闘力を失って不時着した、何らの戦意のない人間を寄ってたかって袋叩きにしたんですよ。日本人のお互いの仲間の中では、そういう鬼みてえな奴がいるということを忘れちゃいかん。

だいたい寄ってたかって一人の人間をあんたねえ、二、三〇人の人間で袋叩きにすりゃ、へとへとになっちまう。こいつを荒縄で縛りやがって、交番所へ連れてきたところへ私が通りかかった。

「なんだ、この人ごみは」と言ったところ、「今ね、飛行機で降りた捕虜が捕まったんです」って。村の駐在所ですからね。荒縄で後ろ手に縛られて目隠しをした中尉が立ってる前に、傲《ごう》然《ぜん》と巡査部長が椅子に腰かけて、その横に普通の巡査が一人と。そして日本語で盛んに怒鳴ってるんだよ。だって通じやしねえもの。飛行機で降りたばかり。

それで私、いきなり入ってってね、巡査部長をよく知ってますから。それで交番に入ってから巡査部長に、

「おい、縄を解いてあげろ」

「いや、そんなことしたら大変です。憲兵隊からの命令で、すべて捕虜はこういうふうにしろということです」

「よろしい。憲兵隊の隊長は俺の弟子だ。俺が許す。解け」

躊躇して解かんですよ、おっかながってね。

それだから、私が解いちゃった。

「よござんすか、先生」

「黙っとれ。責任は俺が負うから」、それから目隠し取った。

「それはやめてください」って言うんだ、巡査は。

「なぜ?」

「いや、その目を開けたら様子がわかる」って言うから、

「アホ、どんな目のいい奴だってね、生まれて初めてのとこへ来て、目隠しを取られてキョロ

キョロしたたって何がわかるんだって、駐在所の狭い部屋の中で」

そして「とにかく椅子へ腰掛けなさい」。

田舎の村の中でもって、とにかく英語を流暢に話す奴にあったんですから、向こうは喜ばしく、それから、

「疲れてるようだが、なんか食べたい物あるか」って言ったら、

「落下傘で降りてから見つかるまでの間に携帯口糧《けいたいこうりょう》をすっかり食べたからお腹《はら》はいい。ただ喉が渇いてるから、水でも茶でもいいから飲ませてくれ」

「おい、そこのとこに一番いい茶があったろ、茶立てろ」

「先生、よござんすか」

「いいってば。俺が飲みてえと言ったらどうする？」

「先生には差し上げます」

「じゃあ、俺によこせ。俺のをやるから同じことだ」

それから今度は交番所の前で、

「おお、何を騒いでるんだ、おまえたちは。今聞いてるてえと、中に入ってる人を出せというが、中に入ってる人はね、アメリカの飛行中尉だ。士官なんだ、おまえたちわからんかもしれんけども。そしてもう一つおまえたちに言いたいのは、ここを出せばおまえたちが半殺しの目

に遭わせてしまうだろうけども、そしたらおまえたちも懲役に行くぞ。こういう人の身柄を自由にする権利は軍隊にあるだけだ。なお私はあんた方に聞きたい。あんた方の仲間でもって息子が戦争に行ってる者があるなら手挙げろ」

みんな手挙げたよ。

「何言ってるんだ。それじゃあ俺ねえ、その今手挙げた人に聞くが、おまえたちの息子が戦地でアメリカの人々にとっ捕まってこういう目に遭ったとき、いいか、アメリカの人間がそこにわんさと集まってきて袋叩きにする、半殺しにすると言ったら、それをあとで聞いたらおまえたちうれしいか」

さすがに、わかったと見えて黙ってやがる。

「それがうれしいと思ったら今この人をここに出すから、どうでもしろ。けどそれがのちに世界に伝わったときに、日本人は鬼よりも無慈悲だと言われたときに、名誉な話じゃないということを考えないか。引き取りなさい。忙しいお百姓の仕事をしてる人間が、おまえさんたちがそこでわーわー騒いだからってこの戦争勝てるもんじゃない。帰りなさい」

それから中へ入ってきてすぐ私、県知事に電話かけた。

「今ここでな、飛行機から降りたこういう人がいる。こいつを憲兵隊に渡そうと思うんだけど、この巡査の言うのには、憲兵隊に渡すときトラックで送るって言ってるんだがね。トラックで送るなんていうのはかわいそうだよ。そこで君の使ってる自動車出しなさい。もしも差し支えがあったら憲兵隊のほうの隊長に言って、隊長の自動車よこしなさい」

そしたら「あ、それじゃ、早速出します」って二台来たよ。それから知事の乗る自動車へ「どうぞ」。それから私も乗って憲兵隊に行った。それで憲兵隊の隊長に、

「日本の武士道は敵を愛するところにあるものなり、ぐらいのことは知ってるな」

「存じております」

「たとえ本部からどういう命令が来ようとも、おまえの手元にある間だけは不自由なくお客様扱いにしてからに、一生のこの人の良い思い出をつくってやり」

そして中尉に「私はまた宮中に帰らなきゃなりませんから。それからいずれまた縁があったらお目にかかるときの恵まれることを楽しみに、今日はお別れしよう」って手出した。そしたら、

「失礼だが、あなたのお名前は？」と。

「さっきから私は、あんたとこうやって長い時間お付き合いしてるけども、一言も私はあんたの名前聞かないだろ。私、あんたの名誉のためにあんたの名前聞かない。国と国とが不幸にして戦ってるが、人間同士に何のここに恩も恨みもないぞ。それで今私があなたの名前を聞くということは、私の心の中でもってジェントルマンライクじゃないと思うから、あんたも私の名

前聞くな。お互いに会った事実は一生忘れるったって忘れられるこっちゃないんだから、この今日の日起こったこのアクシデントをあなたの記憶のページの中にはっきりしたためとけばよろしい。私ももちろんそうする。そしてまた長い月日の間、再び会う機会が与えられたときに、大いに今日を昔語りとしようじゃないか。それまで元気でおれ。さよなら」そう言って帰ってきた。

これは、私の始終持っている人類愛であります。ところが、これがやがて後にCPCのコミッションアドバイザーになり、そして、やがてロックフェラーから招かれる動機をつくったんですから、不思議なもんですな。

さ、日本人ならこれはなんとも思わずに、「ただありがたかった、あんなこともあったっけ。やっぱり日本人の中に珍しい親切な奴もあるもんだ」ぐらいで済ませちまうかもしれないが、そこがまたアメリカ人を褒めるわけじゃないけど、アメリカ人の中にだってそれはいけねえ奴もいますけども、こんな人間もいるのかと思って感心したのは、飛行中尉は一旦国へ帰った、戦争が終ってね。そしてどうしてもこの事実を忘れられない。また会う機会を自分でつくらなきゃつくれないと思ったんでしょう、彼は。

そこでスターズ・アンド・ストライプスの日本特派記者を志願して、これ大学出た人ですから、そして日本に来て、その日の事実をそのままにアイケルバーガー中将に具申して、それで

ＧＨＱの力で調べた。調べりゃすぐわかるよ。

それで私が、アイケルバーガー中将に感謝の意味で呼ばれたわけなんだな。そしてせめては、この生活に非常に苦しみ与えられるであろう日本民族の中におられるんなら、自由な天地に生きられるようにしてあげようという気持ちもあって、特にアメリカ政府が頼んだ役人の一人にしてくれたんでしょうけど。ところがそのときだ、

「いったいあなたは何をする人だ」と言うんだよ。「クリスチャンか」って言ったよ、いきなり。

「それはなぜ？」って言ったら、

「いや、そういうふうな敵を愛する気持ちを持つ者はクリスチャンだけだ」

「日本のクリスチャンにはこんなのいません」そう言った、遠慮なく、私。

「日本のクリスチャンは後難を考えて、後難恐るべしと思うことには決して愛を向けません」とそう言った。「その証拠には、あの村にだって教会が一つあったんだから、キリスト教の牧師もいたんだから。私がする前に来て率先して救うだろうと思ったが、来ませんことを思ってみると、どうもあそこにいるクリスチャンは本当のクリスチャンじゃないと思う」

「クリスチャンでないとすると、どういうお気持ちでもって敵の将校をお救いなすったか」と言うから、「人間の気持ち」とそう言ったんだ、私。そしたらぱっと手を出して、そして「そ

ういう言葉を日本人の口から聞いたのは初めてだ」って。長い間日本贔屓でいるアイケルバーガー中将さん、「本当の人間の気持ち」ったら、ぱっと手出した。そしてまた笑いながら、「その本当の人間の気持ちというのは、生まれてからずうっと持っていたか」と言った。おもしれえね、これ。それからね、「生まれてから不幸にして途中でもって何遍かロストした。ここのところ約三十五、六年持ってる」と、そう言ったら、「それはどういうわけで」って、それから私はこういう哲学をやった人間だと話したら、「その哲学ならば、我々アメリカ人が今非常に待ち焦がれてる哲学だ」って。ヨーガの哲学。「それは、ぜひとも一つ講演で聴かせてくれ」というのが元でもって、その時分には日比谷の毎日新聞のホールが、あれが記者クラブで、そこでもってヨーガ哲学のレクチャー始めた。

ところがヨーガ哲学というのは、知ってる人はご存じのとおり、理論理解に重点を置いて、肝心要《かんじんかなめ》な要するにプロセスの方面というものは「悟り」なんであります。ですからヨーガの哲学の真理は、まことに深遠にして敬うべき価値が多いとなれど、それは真実の人生に如実に実行しようとする気持ちを持つ者に対しては、あまりにも雲の上の存在であります。なぜかって言えば、悟らなきゃいけないから。

それを二カ年数カ月、幸か不幸か不思議な運命に伴われて、私がカンチェンジュンガの麓でこのヨーガの哲学を研究いたしました結果、得られましたものを基として自分でもって創意しました方法。これをヨーガの哲学に結びつけて、この記者たちに話す。そうしたところが、それがロックフェラーの気に入っちゃったわけだ。特にロックフェラーが感激極まって、私に即座に来てくれという気持ちを起こしたのは、インドのヨーガの哲学の中に「クンバハカ密法」というのがあります。これは、ヨーガの哲学を研究した人はみんな知ってますよ。

■教理は教えても、方法は教えないインドの師

それで、戦後アメリカに二千からのヨーガの学校ができた。実にアメリカ、その点は偉いと思うんだ。精神文化を求めて物質文化の行き詰まりを知ったアメリカ人が、西暦一九四五年を契機として精神文化の高揚へと採用したのが、五千三百年の長い歴史を系統的に伝えて研究を重ねてきたヨーガの哲学。六つの主張を内容に持ってるヨーガの哲学を精神高揚のためにアベイル（採用）しようというんで、それでもう本場のインドから本場のインド人を先生に呼んだ。

ところが、これが一つの失敗ですよ。なぜかというてえと、本場のインドの先生、来ても教理は教えるが、方法は教えません。己の国の秘法を滅多やたらと安っぽく教えやしねえ。「どうすりゃいいんです？」と言うと、「悟れ」と言う。それですから、せっかくヨーガの学校いくつも建ったけれども、いざ肝心なところへ行くてえと、「そこから先は悟りだよ」と言われ

ちまうんで。そうかといってそれじゃ、インド人以外の者呼んだってこれは無論わかりゃしない。

それによって相当苦しい憧れを持ってる人間は、新聞記者の中にも随分いたんでしょう。それに私はもう片っ端から、こうするんだよという実際方法で教えますから、それがもう何よりうれしかったんでしょうね。たいていのヨーガの研究者がクンバハカ密法を知ってますが、アメリカあたりで説いてる方法はこうして説明してるんですよ。

"Stop in a breath, Holding the body just the water bottle internally and externally. Which is called as Kumvaphacca."

こういうふうに教えてる。これ、英語のわかる人聞いてて意味わかりました？「特別の体の持ち方というべきクンバハカ法は、息の出し入れの合間合間、体は水を入れた徳利《とっくり》のように持って、瞬間息を止める。それがクンバハカだ」とこう書いてあるわけで、また教えられてるだけだ。これじゃわかりっこないですよ。わが賢明なるアジア市民諸君といえども、おわかりになりゃ結構だけど、私の教えを聞いた者以外にはわからないでしょ。

それは現に昭和二十二年でした。やはり今申し上げたような記者クラブで講演したとき、その中に一人のアメリカの女性の少佐がいまして、これがもう、かつてニューヨークにいる時分にヨーガの哲学を研究したんだけど、そこでは実際方法一つも教えてくれないでしょ。求めて求めて求め抜いて、考えて考えて考え抜いた揚句、日本に来た。それでまさか、私のその集まりで実際的な方法を教えてくれるなんていうことは夢にも考えてなかったんだって。ただ日本人が、自分たちアメリカ人には耳慣れないロンドンなまりの英語でレクチャーをするというんだから、その話をひとつ聴いてみることも一興というような、あわーい気持ちで来たらしい。

そうして来た日に幸いなるかな、このクンバハカ法のhow to doを私が説いてるときだ。そうしたらアメリカの女性だから興奮するんでしょうね。レクチャー終わると同時にいきなり立ち上がってからに、「グレーター！」と言うと同時に駆け上がってきた、演壇に。そうして片っ方に小さな手帳持ちながら。

そうして私の顔にキスをすること、キスすること。鏡見なかったが、あれはさぞかし顔中「二の字」だらけになったろうと思う、真っ赤。感極まって涙ポロポロ流してね。そうしてようやくするだけして、その間辛抱してました、私。世界の三分の二歩いてきた人間ですから、キスの仕方も十六種類あること知っております。なんならそれもついでにお教えしてもいいんですけど、しかし驚いたよ、まったくね。キスはaimlessだもん。目的なきキッスというものは情愛も何も感じないですよ。鼻の頭だろうが瞼《まぶた》だろうが耳たぶだろうが、ところ構わずなんだ。メガネの上まで来るんだ。

それから出した手帳を見るてえと、さっきの英語の文句が書いてあるんだ。長年の間もうこればっかり明け暮れ見ていて、いったい水を入れた徳利のように体をするというのはどうするんだろうと思ってね。この人ほんとに純真な人だね。ビール瓶いっぱい水入れといちゃ、こうやって見てたってていうんだけど。

そういう方法もあけすけ、何でもかんでも全部教えるのを聴いて、三世ロックフェラー、これは四〇〇人の生物学者に研究させてる事柄のすべては、この一人の先生で解決して得られるとか思っちゃったんでしょうな。多少偉さを買い被ったかもしれません。ああ、それからというものはもうね、惚れた女を口説くより以上の熱心さ。首に縄付けても引っ張っていこうとするんです。

ところが、私は名聞《みようもん》を好まず、またカネの力でもって自由になる男じゃありません。それは条件は馬鹿にいいんですよ。「三年間来てくれ。三年間の間の報酬は三〇万ドル差し上げて、月々の生活は現在のあなたの月々にお要りようの費用の一〇倍は払おう。それで従者は一〇人まで差し支えない。それだけの用意しておきます」

これ日本のカネの三〇万円なら屁みたいなもんでしょうけど、これを三六〇倍してごらん。それで一番しまいにそれをノータックスでくれるんだよ。税金取られないの。アメリカのカネでもらってくる。そのとき私、冗談半分に、「それもらってきても、半分日本の税務署へ取られちゃう」ったら、「いや、それ税務署に取られないようにします。もちろん強いて日本の国家が税を取るったら、税金だけアメリカで出します」という。「だから来なさい」という。もっともロックフェラーの懐《ふところ》からいきゃ、我々が五円札出すぐらいなもんでしょうね、これ。

それでも行かないの。私、お金欲しくない。こうやって立ってる限りにおいては、一文も要らない。

とにかくそういったような状態で、私は傍《はた》から見るとアンチクショウ欲がねえんだろうと思われるが、欲はあるんですよ、相当。私の欲はあなた方の欲よりは大きな欲なんだ。世界を明るい世界にして、世界の民族に平和ということを言わずに、明るく暮らせるような世界つくろうというのが私の欲なんで、それ以外に何の欲もありゃしない。だからこの欲ですから、なかなかそれは衰えもしなきゃ死にもしませんわ。

だってねえ皆さん、よく考えてごらん。例えば、自分がいくら財産こしらえて銀行の預金帳増やしてみたところで、それがいったいどうなる？　ただ観念の上でいくらか安心が行くだけでしょ。なんかの拍子でもって自分がくたばってごらん。そのカネがあったばかりにこりゃ、家族でもってお互いに諍《いさか》いを始めて大騒動が起こるぜ。

だからカネなんか貯めるなというんじゃないんですけど、差し支えのないだけ以外貯めたって何もなりませんよ。使わないカネならば、銀行へ持っていくよりは、一番安全なのはカネにしないでそれは使っちまいなさい。そして新聞紙に一億円と書いといて壁に貼っとくんだ。破れたらまた貼っとけばいい。どうせ使わないカネなんだ。

こう言うと、「暢気なこと言うじゃねえか。それできるかい、今日のたばこ銭に困ってるのに」って。たばこ銭に困るようじゃ、これはまあ、人間として生きる張り合いがないでしょう。

それというのも生きる心構えが徹底してないからなんです。結論は簡単なんですよ。生きる心構えとはどんな心構えか。詳しく説明すれば非常に長くなりますが、天風それ自身がまたその心構えで生きてるんだということの見本を見せましょう。

■正直、親切、愉快に

天風会員は、毎朝目が覚めますと、厳かに天に向かって自分のこんにち一日の生き方を「誓いの言葉」でもって毎朝言います。

今から弟子の青年に言わせます。

（青年）「吾等の誓いを申し上げます。今日一日怒らず、怖れず、悲しまず、正直、親切、愉快に、力と勇気と信念とをもって、自己の人生に対する責務を果たし、恒に平和と愛とを失わざる立派な人間として生きることを厳かに誓います」

聞いてしまえば何でもない当たり前のことじゃないかというが、この当たり前のことが一つでも本当に実行のできてる人が、これだけの多くの紳士淑女の中におありでしょうか。方法がわからないとこれは実行できないんですよ。どれもこれもご無理ごもっともと思うようなことばかりでしょ。怒らず、怖れず、悲しまず、正直、親切、愉快に。これだけが立派に守れて、そして自己の人生に対する責務というのは、人の世のためにひたすらなることのみを考えるという自己存在に対するところの極めて崇高な観念。そうして恒に平和と愛とを失わざる立派な人間として生きることを自分自身の誓いにするということは、言わんがための言葉じゃありません。これを実行に移すということを厳かに天に向かって誓ってるんですよ。

聞いてりゃまったく耳に快く響くこれだけの言葉が、実行に移すとなると、なかなかもって、例えば簡単な話が怒《いか》らずということだって、すぐあなた方怒《おこ》っちまう。あとから考えりゃ、何も怒ることじゃなかったのを怒って、今度は怒った人間に謝ってるわね。「この間はねえ、あとから考えたら怒るこっちゃなかったんだけど、ついカァーっとしちゃったんで、ごめんね」なんて言ってるでしょ。

そうしてもう怖れるべきことでないものを怖れてビクビクビクビクビク、神経を過敏にして胸をドッキンドッキンさせながら、ねえ。中にひどいのになると、来もしない台風を一生懸命怖れてる奴がある。

あなた方は、まだ見ぬ世の化け物を怖れるようなことやってるもんね。よーく考えてごらん、あなた方。ですから俺は紳士だ、私は淑女だってな顔してる人でも、それは見てくれだけよ。内心解剖してみると、みんななんだか言い知れない怖れと言おうか慄《おのの》きと言おうか、なんか変わったことができてくると、これがどんなんなるやろうなんて思ってね、もう落ち着きすぐ失っちゃって、魂でんぐり返してる人がいやしないか。

そうして悲しまずなんて言葉なんていうものは、ほとんどあなた方の世界では通用しません。すぐ悲しんじまうんだから。それでその点だけは義理堅いのか、そそっかしいのか、慌てるのか知らないが、人のことまで悲しんでる。「聞けば聞くほど涙が出るわ。よくご辛抱なすって、泣けてくる」なんて言うと、また片っ方では喜んでる。「わかってくれたの？　ありがとう」なんて。何ですか？　いったい。まじめに漫才やってるの？

そうして正直、親切、愉快なんていうことは、どっかの国の人の話で、口をついて出る言葉の言葉のすべてのすべてが、親子の間でも夫婦の間でも嘘ばっかり。「毎晩毎晩遅いのね。どうあそばして？」「いや、このごろおまえ、会社がねえ、順調にいきゃいいけどもね、このデフレだろ。だもんだからおめえ、もう赤字続きで重役、青息吐息よ。そんな、ヤダよ、引っ張り回されてお茶屋行くのはよお。けど行かなきゃご機嫌が悪いしよ、また俺ってえものはねえ、とても重役大事にするんだよ。俺がいるだけであの会社もっているなんていうんで、しょうがねえから、毎晩遅くなる」。嘘つけ。

また奥さんのほうは奥さんのほうでね、いかに夫を巧みに言いくるめてやろうかという事柄を日夜、肝胆砕《かんたんくだ》いて工夫してる。

正直どころか、己に利益のある相手なら親切にするが、己に利益のない相手なら、全然それは親切なんてどっかの国の人の寝言のように考えてるんですよ。

そうして、人生は生きてる時間が極めて短いということは気がつかないでもって、朝から晩までねえ、閻魔《えんま》様が塩舐《な》めたような顔して、ちっとも愉快な気持ちを出しゃしねえ。そんなにあれですぜ、変な顔してからに世の中暗く生きてると、その内にぽかーっと気のついたときに、もう再びこの世の中に出てこられない死の墓場へ入っちまうんですよ。しかも、長く生きてられやしない。どんなにあなた方が頑張ったところで、百年と生きてられないという短い生命。それも百年が百年、正味そのまま生きてられりゃいいけども、四分の一なり三分の一は寝なきゃならねえ。それで一遍死んじまうと再び来られないの。いくら天風会の講習会へ来たいったってダメ。嘘と思ったら今から五十年経って来てごらんなさい。もう私はいないから。あんた方だって来られやしねえ。

そして現在ただ今、どんどんどんどん過去へとスピードフルにリールは回ってるんだ。それ考えてみたらば、すぐ怒ることがあるから怒るんだ、悲しいことがあるから悲しむんだ、怖れることは怖れるんだっていうようなことを言ってたんじゃ、人生に極楽は来ないぜ。怒りや怖れや悲しみに虐《しいた》げられない心構えが必要じゃないんですか。たとえ、それが矢でも鉄砲でも持って来いというほどの強気が出ないまでもさ、人事世事に絡みつけられて、それに組み伏せられるような弱い心でない人間で生きなきゃ。その生き方は、いよいよ明日から私教えるけどね。それだけの心構えができたら、今日からでもしなさいよ。そうしてどんな場合があろうとも、正直、親切、愉快を人間のモットーとし、人間以外の他の動物にはこれだけの自覚ができないんですから。

そうして自己の生きてる世界には、他人がいることを忘れちゃいけない。それで他人がいるから自己が生きてられるんだ、ということも忘れちゃいけない。ただもう自己本位に自己本位に生きることがいいと思ってる人、よく考えなさい。

それじゃあなた方、自分さえよけりゃいいっていうんだったら、傍にいる奴はみんなね、あなた方の要らない人間なら、ねえ、この傍に人間のいないとこ連れてってあげるからって無人島行ってごらん。無人島でいくらカネができても、いくら別嬪でも、いくら学問があっても、よしんばその無人島の王様になったって、たった一人じゃ、おもしろくもおかしくもなんともないでしょ。昔の歌に「箱根山、籠《かご》に乗る人、担《かつ》ぐ人、してまたその草鞋《わらじ》を作る人」という歌があるけど、世の中は人、人、人の持ち合いだ。

偉そうな顔して私がここでもっていろんなこと言ったって、あなた方のようなお方々のお集まりがあるから、申すのにも甲斐があろうというもの。誰もいないんだったら、ここでもってしゃべりゃしません。そうかといってあなた方も、ここへ来て誰も出てこなかったらどうする？　こんな演壇を見てたってしょうがねえ。そうするとお互いに助け合いがこの世の中の本来の姿だということがわかったらば、どんな場合があろうとも、常にこれはもう正直、親切、愉快を忘れないで、常に平和と愛を失わない。

愛というものはあなた方は、非常に偏頗《へんぱ》な考え方でもって用いてる場合のほうが多いだろ。いや、それはクリスチャンでありながら、なおかつこの消息のわからない人がいやしないか。仏教信者もいるだろうけども、すべてがみんな宗教は愛が根本中心を成してる。あなた方は自分の身内か、黙ってても愛を感じるものだけには愛を捧げますが、そうして自分の心の中を静かに自分自身を考えなさい。今、私の心の中のどっかに憎んでる人がいやしないか。嫉《そね》んでる人がいやしないか、恨んでる人間がいやしないか。そういうものが少しでもあなた方の心の中にたとえ一人でもいるような心を持ってる人は、さもしい、卑《いや》しむべき下等な人だ。

今まで憎いと思っていた人間をも、本当に愛せる人間にならなきゃ。憎い人間があろうはずがないもん。同じ時代に同じ生命をお互いが生きて、それで相知り合いとなってる人間に憎む相手があってたまりますか。それはあなた方の心構えが、何となく憎らしいようなことだけを考えてるからだ。知らない人間を憎みやしないだろ、あなた方。見たことも聞いたこともない人間を恨んだり憎んだりしますか？　相手がわからなきゃどうにもしょうがねえ。だいたいあなた方憎んでる人間というのは、手近の知ってる人間ばかり。「だってあの人間憎らしいんですもん」っていうこと言ってるのは、向こうが憎らしいんじゃねえ。あなた方の心が憎んでるからだ。

どうぞ、時代はますます複雑に多端《たたん》に、もっともっと住みにくい時代になるに決まっているのが、これはもう古今を通じてたとえどんな事情があろうとも、戦いに敗れた国の経過しなきゃならない当然の過程であります。

あなた方、ここ十年や二十年は、ありしその昔のようなあの桃源郷の花の香に酔ったような暮らしよい時代は来ない。そのときにだ、時代がそうだからあなた方も頑《かたく》なになるというのじゃ、万物の霊長たる人間と生まれた資格がなかろうじゃありませんか。他人はさもあらばあれ、自分だけはどんなことがあろうとも始終、磨き立ての真珠を薄絹に包んだような清らかな心で生きてこうと。何のために自覚を与えられ、何のために理性を与えられてあるかということを考えられたとき、感情の虜《とりこ》になり、本能の奴隷になることは、人間として一番の恥辱だということぐらいのことは、何も特別の話聞かなくたっておわかりになるべきはずであります。

一村、一市、一国の繁栄は一番先に正しい自覚をした先覚者によって、その基礎を固められるというのは古今の例でありますから、ただ、一席の講演を聞いて面白かった、おかしかったでもって、この貴重なチャンスを逃がさないように。

自分をもっと一大飛躍的なプラスの人間にしようと思し召したら、明日からのお集まりにどうぞお出でください。

■和の精神

今日の私の話は、お互いの人生生活に基本的に極めて大切な「平和」ということについてであります。皆さんも既にご承知のとおり、平和ということは、こんにちの世の中の正しい常識を持つ者の人生スローガンになってるものであります。

しかし、こんにちの世の中の正しい常識を持つ者の人生スローガンとなっている「平和」ということが、残念ながら事実はというと、この人間相互の生活や、また組織の維持に極めて必要な平和という大事なことがいまだもって、人々の満足するほど完全に実現されていないという事情であるんであります。

そもそもこれはどういうわけでしょう。それも、人間というものが平和を好まないで争いをのみ好むという、ちょうど野山に棲《す》む鳥や獣《けもの》と同様のものなら、これはまあ何をか言わんやです。けれども今も言ったとおり、正しい常識を持つまともな人間ならば、誰でもがこの平和ということを、心の底から念願しているはずであります。それなのにです、それがなんとなかなか個人生活にも、また集団生活にも現実化されないというのはどういうわけでしょう。

私は、これは結局、人々の一人ひとりの気持ちの中に、人間として何よりも大切な「和の気持ち」というものが欠けている、不足しているからだと言わなきゃならないと思うのでありま す。そもそもこの「和の気持ち」というのはどういう気持ちかと言えば、これは多く言うまでもなくご存じのことと思いますが、「穏やかに親しみ溶け合う」という気持ちです。穏やかに親しみ溶け合うという気持ち、この気持ちが、つまり平和ということを実際的に実現する、ただ一つの根本要素なのであります。

多く言うまでもありませんことで、世界といい、国家といい、社会というのもです、煎じ詰めれば、一人ひとりの人間の集まりからできたものであります。ですから、お互い人間の一人ひとりの心の中に、この今申し上げた和の気持ち、すなわち、穏やかに親しみ溶け合うという気持ちというものが欠けて不足すればです、どんなに平和でありたいと念願しても、またそれを声高くスローガンとして叫んでみてもです、結局は、残念ながら空太鼓《からだいこ》に終わることになるのであります。これはなんのことはない、土台の不完全なところに堅固な建物は建てられないのと同様なのであるからであります。

ところがですよ、遺憾ながらこの重大な事実が、平和を唱え平和を希望する人々に正しく気がつかれていないという傾向がありゃしませんかしら？　それは、この世の中にあるいろいろの出来事を見てみると、それが何よりもよい実例として参考になるのであります。そうでしょ？　例えば、のべつ繰り返されている政党政派の間に生ずる政争の状態を見てみてもです。あるいはまた、労使の問題にいざこざが生じた場合などを傍《はた》から見てみると、もうただ自分のほうの利益関係のみを重大視して、決して相手方の気持ちを考えようとしない。したがって、ちょいとでも譲り合おうとしないのであります。ですからご覧なさい、なかなかもって容易に溶け合わないのがいつもの状態でしょ？

しかし考えてみなきゃならないのは、この点じゃないでしょうか。そうした公の問題ばかりでなく、個人の場合でもそうですよ。お互いの心の中に和の気持ちという、すなわち親しみ穏やかに溶け合おうという気持ちがあるならば、その心の中から「思いやり」という階級の高い尊い心持ちが出てきて、自分にだけ都合のよいことを考えるというような自己本位という階級の低い卑しい心は、自然とその階級の高い尊い心持ちで抑制されるか、または中和されて、さっきも申し上げた譲り合い、溶け合おうという気高い心持ちが出てくるのであります。

そして自然と文字どおり、和気藹々《わきあいあい》たる人間の相互生活ができることになるんであります。ところが、なんと情けないかなです。相当の理知教養を受けている文化民族ともある者がです、いざとなるとなかなかもって、てんから和の気持ちなどという尊い人間のみの持ちうる気持ちを、少しも心の中に持たせないで、ただもう獣同様、争わんがために争うという、浅ましい低級な、悲しむべき感情のみをひたむきにむき出して、溶け合いも譲り合いも全然しないというのは、現代人の多くの実際の有り様ではないでしょうか。ね？　これじゃ、人生なんとしても平和でありうるはずがありません。

いえいえ、ただ単に平和でありえないばかりじゃないのです。そうした気持ちが原因となって、いろいろと人生の不幸というものがですよ、知らず知らずにその人の人生につくられてしまうという愚かな結果が来ることになる。

そして、実際において、これもまた多くの人が気がついてないようですが、人生成功の秘訣もまた、この和の気持ちに非常に関係があるのであります。すなわち、簡単に言うと、和の気持ちがやはり成功の原動力となるからであります。

これは論より証拠でね、成功者を見てごらんなさい。いずれもその周囲と親しみ穏やかに溶け合っていますから。周囲とのべつ争いを繰り返して成功している人間なんていうものはいやしません。

さあ、そこでどうでしょう、あなた方は？　何か家庭的にあるいは一身上に出来事の生じたときですな、それをまずもって和の気持ちで応対しているでしょうか、あるいはそうでないでしょうか。

もちろん、私は信じます。あなた方は宇宙真理に順応して、人生に生きるということを実行してる天風会員である以上、なんにも知らずにただ生きてるから生きてるという無知な人とは、断然その点は違ってるということを、私は信じてはいますけれども、しかし、あえて私が強く言いたいのは、正しい理解はどこまでも徹底的に実行するべきだということなんです。

ですから、平素、常に心身統一法の講習会のときにも、折に触れ時に臨んで言ってる通り、まず、何よりも必要なことは、日日《にちにち》の人生生活を、どんな場合、またどんな事情があろうときでも、常に和の気持ちで終始応接するということ。このことの実行を、より一層今日以後真剣に徹底されたいのであります。

言い換えればですね、事の如何《いかん》を問わず、事情のなんたるを言わずです、断然自分の心に争いの気持ちを起こさないことなんです。常に親しみ穏やかに溶け合うという和の気持ちを心に堅く持つこと。第一、この争う気持ちというのは、厳格に言うと、自己の存在とその周囲関係の貴重な因縁というものをないがしろにし、それを無視没却しているから起こる、極めて蔑《さげす》むべき心持ちなのであります。

考えてみましょう。この人、人という多い人の中で、なんと不思議なるかな、求めざるに親子となり、兄弟姉妹となり夫婦となり、あるいは親族となり、あるいは親しく知り合う間柄になるというこの事実を、これを不思議と思いませんか？　これを不思議と思わない人こそ不思議なのであります。

考えてください。今も言ったとおり、これ求めてできたものじゃないんであります。求めざるにできたもの、すなわち、人間の理知では到底解決のできない幽玄微妙《ゆうげんびみょう》な作用でありましょう？　だから、この不思議な作用でできてる因縁というものを本当に重大に考えたなら、争うなんていう気持ちはこの幽玄微妙な因縁を破壊するものなんですから、人間の気持ちに出ようはずはないんであります。

そして和の気持ちこそ、まこと天の摂理に順応した尊い人間としての本当の気持ちなんですからな、これは。多く言うまでもなく、あなた方が和の気持ちを心に持ったときと、その反対の争いの気持ちを心に持ったときと、どっちが本当に心持ちがいいかということを考えてみりゃすぐわかるでしょ？　「争うことのほうが心持ちがいい。和する気持ち、親しむ気持ちぐらい嫌な気持ちはない」なんていうような、間違ったことを言う人はないはずであります。

第一、この和ということは宇宙摂理の本来のものなの。もっと詳しく言うと、このお互いの住む宇宙に存在する、いつも言うあの「進化」と「向上」ですね、エボリューション

(evolution) とエレベーション (elevation) というあの事実は、宇宙の完全融和を現実化さそうがため、つまり宇宙の全体を和でつくり上げようがために存在する事実なんで、宇宙の完全融和を破壊せんがために存在する作用じゃないのであります。

ですから、お互い天風会員はますます真剣に、この和の気持ちを常にお互いの心の中に堅く持たせて、そして日日の実際生活を、その和の気持ちで行なうということをまず自己が率先して実行するよう心がけましょう。その心がけがやがて平和の実行者である要素をなすものであるからであります。

ですからどうぞ、十分よくおわかりになっておられることとは信じてはおりますけれども、なおより一層、さらにこの和の気持ちを豊かに持つ人となられて、自己生活の基盤を完全にされるよう、常に心に心して、自分の心を統御なされることを、本当に心からお勧めする次第であります。

そして、そういう人こそですよ、人の世の模範になろうと思わなくとも模範となれてる人なんで。つまり、知らざるに自分に立派な指導者としての資格ができてしまってる人なんでありますます。また、そういう人こそ、一言一行《いちげんいっこう》、すべてが人の世のためになることを言ったりしている人なんであります。

私が、かように切々として一生懸命、天風教義を東奔西走、席あたたかな暇なきをも、心から喜んでお話しさせていただいておりますのも、要するに、宇宙真理に順応して生きる本当の人間を一人でも多く増やして、いわゆる本当の幸福な人の世の中を現実につくりたいがためなんであります。

ですから、どうぞどうぞ、何度も何度も繰り返して申し上げる。より一層のご努力を精進されて、完全に和の気持ちを豊かに持つ人となられんことを、切に切に熱望する次第であります。

■波乱の人生に鹿島立つ

大事なのはこれからです。船はドックに入って、ドックに入りきりが船のこしらえられた目的でない。荒海の航海に入るためへのリペアリング（修理）をするためのドックであります。

修練会も同じ意味で、修練会をするために諸君の人生が与えられたんじゃなく、要するに波瀾万丈の人生に生きるときの強い力——精神的・肉体的にこれを乗り越えていく力をつくり上げるのが目的の修練会であったのだから、いわば、今まさに今日という今日は、船がドックから出て新たな艤装《ぎそう》を施して、そして荒海めがけて鹿島立《かしまだ》とうとするのと同じで、本当の修練はこれからなの。

ですから、どうか来る朝来る朝、今までの朝と違って修練会の朝と同じような、日々に新たな自分の人生を建設する自分の修行が、自分の人生に対する義務だと、こう心得られて、そしてどんな場合があっても、怯《ひる》まず、怖れず、脅《おびや》かされず、健気《けなげ》な人生に生きていかなきゃいけない。

いいかい？　誰でもが幸福になれる資格を与えられ、誰でもが幸福に生きられる権利を与えられてある。それを今まで、その権利を発揮することも知らなきゃ、資格を本当につくり上げることも知らずに生きていたために、憐れ不幸な病だとか運命に脅かされてた。

これからは、病が来ようが運命が悪くなろうがびくともしない。むしろ進んで「病よ来たれ。不運よ来たれ」と喜んで迎えて、これを乗り越えていくという絶倫の勇気ができたことを信じます。だから、どんな場合があっても、修練会をやった人間は、病や運命に屈服されちゃいけない。

そりゃもう、何遍修練会をやったからとて、全然病まない人間にはなれやしない。また、どんな場合でも、よい運命ばかりが自分の人生には来やしない。そんな自儘《じまま》な勝手な希望というものは貫徹できないんだから。こりゃもう、生きゆく刹那刹那に油断も隙《すき》もできないほど、病的刺激や運命的刺激がお互いの、広き意味における生命の隙を狙ってるから。

いつも講習会で言ってるだろ。見えないあやかしの目は、黒いベールをかぶりながら、あなた方の心の隙、肉体の隙をじっと見てる。そして隙があると、サッと遠慮なく、あなた方を彼らの魔の手の中に掴み入れちまおうとしてるんだから。どんな場合があっても、これからは、要するに心に隙を与えない、肉体に隙を与えないという覚悟を、教わった方法で実行していく。

そして、人々への模範的な存在としての自分を傷つけないように。ね？　だから、どんな場合があっても、自惚れは禁物だが、真理を知る自分というものに対して、己の尊さを傷つけるな。

今日一日の「誓いの言葉」にもあるとおり、かりそめにも怒ったり、あるいは怖れたり悲しんだりするという惨《みじ》めな状態を心に持たせたらば、こりゃもう教えを傷つけ、そして真人《しんじん》としての自己の価値を裏切ったことになるよ。

いつも言うとおり、大義名分に関するかぎりは、泣くもよし、怒るもいい。しかし、区々《くく》たる私情に拘泥《こうでい》して、みだりに怒り、悲しみ、怖れを心に持たせないように。いつも本当に、力と勇気と信念というものを自分の生命の中から、もう火花と散らし閃《ひらめ》かせて生きていくというふうに、どうぞお願いします。

残念ながら、勝ちを外国に譲ってから以後の日本が、まったく思いもかけないほど上辺《うわべ》も中身も腐りかかってる今日、天なるかな、諸君が選ばれし人でこの真理を授けられて。そして今まさに、全然今までとは違った武装が、精神生命にも肉体生命にもできたんだから、それを手本に、迷える人、泣いてる人、苦しんでる人に救いの慈悲の手を差し伸べてやって、始終自分の存在を光りあらしめられたいことを、本当に心から世の中のためにお願いします。

これだけが、私のあなた方に、今まさに万丈たる波乱の人生に鹿島立とうするあなた方の魂に対して、天風が心の底からお餞《はなむけ》する言葉であります。

（完）

あとがき

本書は、天風先生が、ご生前に国内各地でご講演なさった折りに録音を許された貴重なテープの中から十三編ほど選んで、新たに章立てしたものです。五十年以上前の「話し言葉」を、できるだけ現代風の「書き言葉」に改めたので相当に読みやすいものになっているはずですが、しかし、実際にお読みいただいた皆さんの読後感としては、率直にいって、「必ずしも、判りやすくなっているとは言えない……」という戸惑いに似た感想をお持ちの方が、少なからずいらっしゃるのではないかと懸念されますので、その点について一言触れさせていただきます。

天風先生の人生論は、いつも、先生ご自身の「深いお悟り」から出発して展開されます。最初にご講演の結論を明示なさいます。今流行《はや》りの言い方でいうならば、『出口からの論法』を用いられます。聞き手に向かって、まず最初に「お悟り」＝「出口」を明示する。そして、この「出口」に到達するためには、その手前（前提条件）として○○○が必要だろう？ しかもその○○○を用意するには、もう一つ手前の△△△が出来ていなきゃいけないよネ！ もちろん、それには、他人から理屈を聞いて、いくら、「分かった！」とか、「理解した！」といったところで、それだけでは、決して「できた！」とは言えやしないだろう？（とおっしゃりながら、ジロリと鋭い眼差しでコチラを見詰めて……）「いくら分かったってネェ。自分で実践しなくちゃ……一歩一歩自分の脚で歩かねば『できた‼』と言えないよね？……到底無理な話だよね？……というふうに。

そのための、〈一歩一歩の歩き方〉、つまり〈How to do〉を、説いてくださる……「オイ、ここに確実な途《みち》があるぞ……」と、わたくしたち聞き手をお諭《さと》し下さるわけです。

しかも、お集まりの大勢の聞き手の気持ちが〈一つになれるように〉誰にも分かりやすい例え話を持ち出されるのです。

……「秋においしい果物を食べたいとおもったら、夏に、小さな実への陽当たりが邪魔されないように周りの葉っぱの手いれを怠らず……もう一つ前に、春に立派な花を咲かせなきゃいけないし、第一、良い種を蒔《ま》かなきゃいけないだろう？ 種も蒔かずに、いきなり、おいしい果物を食べたいといっても、そりゃー無理と言うものだよね！」……という具合に。

誰にでも判りやすい例え話を挙げながら問題提起をして話をはじめて、次次と話の核心に導いて下さる。そんな例をもう一つご紹介しましょう。

天風先生は、人生を長途の航海に例えてお話なさるのが得意でした。ある時の天風青年会のお集まりで「考えてみると、どうだろう。人生というのは、大海原を越えて長途の航海をするようなものだと、君は思わないかい?」「若い君たちは、これから人生丸という名前の自分の船に乗って、長途の航海に旅立つ船長だと言えるよ!」という風に……「長途の航海であれば、どんなに綿密に計画を立て、どんなに周到に準備し、しかもその上に安全祈願までしたとしてもだヨ、航海の最後まで順風満帆の日が続くとは言えないだろう」「避けようのない大嵐に遭遇してしまい、君の船が、大波に呑み込まれた一枚の木の葉のように航路を見失うことが起こるかもしれない。そんな場面に遭遇しても、君が熟練した船長として立派に船を港まで導くことができるようになるためには、船長たる君に何が要求されているとおもうかナ?」「いったい、熟練した船長って、どんな人間だとおもう?」と、畳み掛けるように問いかけられる。

一呼吸入れて先生は、「熟練した船長とは、つまり自己統御のできる人間のことだよ」と結論を示される。それを聞いて「そうか!」とおもってホッとする私たちを見ながら、「じゃ、その自己統御とは、いったい何だい?」と切り返して問い直される‼

「自己統御できるというのは、判りやすく言えば、随時随所で、自分の感情をコントロールできるということだよ、つまり、そういう能力を自ら鍛えることだよ」と、『出口』を示してから本論に入られる。

本論に入って、感情のコントロールができるようになるためには、大事な前提条件があり、それは他でもない、確固たる人生観を確立すること。そして、その人生観が確固としたものになる程度に応じて、それが内的誘導力となって、消極感情をコントロールできるような人間になっていくのだと……。


ともすると、物質的な豊かさを求めて生きることに慣れてしまった今日の我々の生活態度としては、物質的豊かさを生み出す原動力となった科学的な思考が、普遍的に正当なものだという態度で暮らすことに慣れている。ところが、その科学的思考の論法は、基本的に、因果論ですから、原因から辿って結果を説明する論法で成立しているわけです。つまり「入り口」から入って、どこに「出口」があるかと、手探りして探そうとする方法です。逆方向です。

問題は、そういう生活に慣れた人が、突然、病や不運に見舞われて救いを求めるようによやく辿り着いた「入口」として天風哲学に飛び込んだ場合に、どうなるかです。それも、天風先生の説かれる心身統一法を、力づくで読破しようとすると、天風先生の説かれる〈How to do〉を、逆方向に追っかけることになるはずで、ついつい、肝心の実践をすっ飛ばして読み進むことになり兼ねないわけです。

つまり、天風先生が「心身統一法に入門はない。だから、決して名文句に酔うなよ」と言い切られるそのお言葉に、うっかりすると「蒔かぬ種は生えぬ」という名句が警句として篭められているのを取り違える可能性があると言うべきじゃないでしょうか。

公益財団法人天風会　教務委員会委員長　**御橋広眞**

本書は弊社が刊行する『CD　真人生の創造』を再編集し書籍化したものです。

本文中、現代の観点からは適切と思われない箇所がありますが、講演が行われた時代背景、当時の学説等にかんがみ、原文（講演）のまま用いたことをお断りしておきます。

【著者紹介】

中村天風（なかむら　てんぷう）

1876年（明治9年）7月30日、東京府豊島郡（現東京都北区王子）で生まれる。本名、中村三郎。1904年（明治37年）、日露戦争の軍事探偵として満洲で活躍。帰国後、当時死病であった奔馬性肺結核を発病したことから人生を深く考え、真理を求めて欧米を遍歴する。その帰路、ヒマラヤの麓でヨガの聖者カリアッパ師の指導を受け、病を克服。

帰国後は実業界で活躍するも、1919年（大正8年）、突如感ずるところがあり、社会的地位、財産を放棄し、「心身統一法」として、真に生きがいのある人生を活きるための実践哲学についての講演活動を始める。同年、「統一哲医学会」を創設。政財界の有力者をはじめ数多くの人々の支持を受け、天風哲学として広く世間に認められるようになる。1940年（昭和15年）、統一哲医学会を天風会と改称。1962年（昭和37年）、財団法人の設立許可を受ける。2011年（平成23年）、公益財団法人へ移行。

1968年（昭和43年）12月1日逝去、享年92。著書『真人生の探究』『研心抄』『錬身抄』（以上、天風会）他。

公益財団法人天風会

〒112-0012　東京都文京区大塚5-40-8 天風会館

TEL：03-3943-1601　FAX：03-3943-1604

URL:http://www.tempukai.or.jp

真人生の創造
——中村天風講演録

2015年 4月 1日　第1版第1刷発行
2024年 5月 24日　第1版第2刷発行

著　者　中村天風
発行者　永田貴之
発行所　株式会社ＰＨＰ研究所
東京本部　〒135-8137　江東区豊洲5-6-52
ビジネス・教養出版部　☎03-3520-9619（編集）
普及部　☎03-3520-9630（販売）
京都本部　〒601-8411　京都市南区西九条北ノ内町11
PHP INTERFACE　https://www.php.co.jp/

組　版　朝日メディアインターナショナル株式会社
印刷所　大日本印刷株式会社
製本所　東京美術紙工協業組合

ISBN978-4-569-82102-3

PHPの本

ほんとうの心の力

中村天風　著

人生を健康で、楽しく、思い通りに生きるためにはどうしたらいいのか。哲人・中村天風がその秘訣を独特の語り口で説く。

PHPの本

中村天風一日一話

元気と勇気がわいてくる哲人の教え366話

財団法人天風会 編

人生の深い洞察から生まれた天風哲学のエッセンスを一日一話形式で収録。心が強くなり、運命がひらける、幸せな人生のためのバイブル。